JN126331

Restructuring

日本固有の

of child rearing culture

子 育 て・

in

子育ち文化の

old Japan

再 構 築

一人ひとりの "いのちの歩み" を支える

— A seamless association of child rearing and child development —

大和 正克 著

あいり出版

◎まえがき

　本書は京都西山短期大学在任中の6年間に執筆した4本の論文を一つにまとめた拙稿である。

　平成23年度末をもって辞任を決意した後の仏教保育専攻会議の席上で、最終講義実施の要請があった。仏教保育専攻の職員からいただいた最終講義のテーマが、一介の教員には重過ぎる「私の歩んできた道」であり、紆余曲折の道を歩んできたものとしては礼を欠くこと明らかである。何等かの形で最終講義時の内容を補足できる手立ては無いものかと苦慮していたところ、本学の加藤善朗教授（現学長）から学内での印刷・製本が可能であるとの話をいただき、急遽4本の論文を一つにまとめることにし、手作り論文として発行していただき参加された方々にお配りすることができた。

　以来、10年有余の歳月を経過した今、遅きに失した感は免れないがこの度米寿を期に出版することとした。

　一本の論文としての形を整えたとはいえ、論考上かつ各章ごとの参考文献紹介など至るところに問題があり、研究論文には程遠い拙稿である。

　自己弁護の譏（そし）りは免れ得ないが、本稿は子産み・子育て・子育ちに呻吟する多くの人たちに、「絆」の豊かさをもって形成されていた日本固有の子育ての歓び・すばらしさを紹介し、絆力回復の重要性を論じた啓蒙のための論文である。お目通しいただければ幸いである。

　最後になったが、最終講義のご提案をいただいた加藤善朗先生をはじめ仏教保育専攻の先生方、並びに本学あげて取り組みに携わっていただいた教員・事務職員の皆様に心から感謝申しあげる。また、この度の出版にあたり、種々相談にのっていただき、ご指導くださいました［あいり出版］代表者の石黒憲一氏に感謝申しあげる。

　本当にありがとうございました。

◎はじめに

　厚生労働省の発表（2007.7.11）によれば、全国の児童相談所（191か所——支所を除く：令和2年4月現在、219か所）に寄せられた児童虐待の相談件数が、2006年度37,343件（令和3年207,659速報値）あったとのこと。10年間（1996年——4,102件）で9倍強にのぼり、かつ市区町村の窓口（2005年度より設置）での相談件数は含まれておらず、児童相談所にも市区町村の相談窓口にも行けず、一人で悩んでいる人たちの存在を推測すると、虐待による被害実態は危機的状況にあるといわざるを得ない。

　実父母による子殺しや子どもによる実父母の殺戮（さつりく）、孫による祖父への加害やホームレスに対する子どもたちの集団暴行、子ども同士の殺傷やいじめ・ネット被害、さらには保険金欲しさの殺人やイライラが昂じての殺傷事件、9年連続3万人超の自殺や闇から闇へと葬られる無届の堕胎等々、子どもを巻き込むだけではなく成人も含め、"いのち"軽視の風潮は眼を覆うばかりである。

　このような痛ましい事件の報道に接するたびに、日本人というのはこれほど"いのち"を軽視する民族であったのかと自らに問うた時、即"否"という答えが返ってくる。つまり基礎的生活要求である衣食住さえままならぬ戦中・戦後の激動期——一人ひとりが生きることに必死であった時期に子ども時代を過ごした筆者が生きてこられたのは、あたたかな人間関係（間柄（あいだがら）主義の文化）が地域社会の中で生きていたからであり、また江戸末期から明治にかけて日本を訪れた欧米人の多くが日本は「子ども天国」の国であり、母親の子どもに対する情愛の深さに驚嘆し、成人と子どもの関係の濃密さに目を見張った事実からも否定することができ

る。

　子どものみならず成人をもが生きること・生きていることに呻吟し、悲痛な SOS の信号を発している今日、早急に自己中心的けもの以下化現象蔓延の風潮を払拭し、すべての人一人ひとりが授かった "いのち" を全うできる社会を構築する必要があり、一刻の猶予もない喫緊の課題であるとの認識が不可欠であろう。即ち地域住民の一人ひとりが傍観者的姿勢（見て見ぬ振り症候群）から脱却し、"いのちの尊厳" を基底としたあたたかな人間関係を回復し、自立と共生が保障される福祉コミュニティを創造する責務がある。

　本稿では福祉コミュニティ創造の具体的方途を社会福祉援助の領域からだけでなく、創造の基底ともなる日本固有の子育て・子育ち文化を切り口に先ず考察し、次いであたたかな地域社会再生の具体的方途を論及してみたい。

　生命科学や民俗学・文化論を専門とする研究者でもない筆者だけに、我田引水の謗りは免れ得ないが、この "いのち" 軽視の危機的状況を打開し、子どもを授かることの感動、子育て・子育ちの歓びを取り戻すためには、文化として伝承してきた先人たちの経験知に学ぶことが不可欠と考え、敢えて専門外の文化を切り口とした。

◎目次

子育て・子育ち応援団の
存在と消滅の危機

1. 大事業としての子産み・子育て・子育ち

　人間にとって子産み・子育て・子育ちは、古今東西いずれの国・民族にとっても大事業である。受胎後から出産時までの38周を眺めてみただけでも家族や親族、近隣の方々の気遣いや手助け、あるいは医師や助産師——子安婆・取上婆・腰抱き・産婆——・看護師の援助がなければ子産みは不可能であり、特に人間の場合「生理的早産」といわれるように、他の哺乳動物と異なり生理的に未成熟の状態で胎外へと出生する。したがって生存に必要なすべてのことに母親を初め多くの他者の支えを必要とし、生命の危機にさらされることの多い「子宮外の幼少期」[1]といわれる生後1年間は節目ごとに様ざまな日本固有の通過儀礼（宮参り・食初め——箸初め・箸揃え——・初節句等々）が執り行われており、死亡率が高かった時代には「7つまでは神の子」・「6つまでは神のうち」（かぞえ年）といわれ、人よりも神に近い存在として育てられ、7歳になると「子ども組」に加入し、正式に「ムラの子ども」として承認、育てられてきた習俗がある。

　さらに子育て・子育ちの支えを自立までという時点で押さえ

た場合、一人前の村人と認められた「若者組」[2] 加入時（15歳乃至18歳）と今日に考えられる自立（社会的自立）期を比べた場合、年齢に大きな隔たりがある。つまり今日では中学卒業生の97,6%が高等学校へ入学。さらに高卒者の47.3%が短大や大学へ進学（2006.4.1現在――専門学校への入学含まず）する現在、高卒者の半数以上が未だ学びの途上にあり、仮に20歳を自立の時点と押さえた場合、実に20年間子育て・子育ちの支えが必要となる。以上のことからも明らかなように、ひとりの子どもが受胎から自立に至るまでには実に長い年月、家族や親族・地域住民など多くの人びとの支えがあってこそ可能な営み・大事業であり、母親ひとり、あるいは夫婦のみに抱え込ませての子産み・子育て・子育ちの営みは不可能であるとの認識が必要である。

　従前に比べ医学の進歩や徐々にではあるが子育て支援の制度も取り組まれ、洗濯機や冷蔵庫など子育てに必要な補助器機が整い、ベビーフードを初め食べ物も豊富になり、かつ子育て・子育ち支援の活動が児童施設やNPO、個人や団体によって実施されているにも拘わらず、今日子育ての困難性が声高に叫ばれる原因は何か。性差による役割分担意識もその一因であるが、本稿では子どもたちの伸びやかな成長を見守り育んでいた文化として自然体で形成されていた子育て・子育ち応援団の存在が、様ざまな原因によって消滅の危機にある実態に絞って論じてみたい。

2.　子育て・子育ち応援団の存在と消滅の危機

　動物的存在であるヒトが人間即ち社会的存在としての人間に育つためには、長い年月にわたる多くの他者の支えが不可欠であるが、日本の場合個人的支えのみならず、固有の文化としての子育

て・子育ち支援の応援団が存在していたと考える。1つには三世
代・多子家族形態の存在であり、2つには地域社会の諸機能の存
在、3つには重層的異年齢子ども集団（群れ遊び文化）の存在で
ある。

　以下項に分けてそれぞれが果たしていた役割と消滅の危機にあ
る実態、さらに再生の可能性について考察する。

(1) 三世代・多子家族形態の存在と消滅

　三世代・多子家族の形態は、農耕社会の場合特殊な例外を除き
一般的な家族形態であり、固有の子産み・子育て・子育ち支援応
援団とは言いがたいが、家族ぐるみでの「おんぶに抱っこ」とい
う育児法、即ち祖父母や両親だけではなく、きょうだいまでもが
小さな弟や妹を背負い、あるいは抱っこをし、家事の手伝いや仲
間との群れ遊びに参加、しかも乳児期だけではなく幼児期に至る
長い年月、常に家族の一員の背中で育てるという育児法は、三世
代・多子家族という形態が生みだした固有の子育て・子育ち文化
とはいえず、日本固有の自然観やいのち観、人間観が基底にあっ
たからこそ形成された文化と考える。

　1933年に日本を訪れたドイツの世界的建築家ブルーノ・タウ
トが当時の印象を『ニッポン』の「生ける伝統」の中で、「母親
に背負われた幼児が…母親のどんな動作も見逃さず…これらの動
作の意味が大して説明も要せずに自然に彼等の心に刻まれるので
ある。…母親に背負われたままでその複雑錯綜した動作を共にし
ながら、泣き叫びもせず、一部始終を傍目も振らずに見詰めてい
る。…赤子の頃から既に大人と行動を共にするのであるが、思う
に恐らくこの点に、日本の子どもの物分りの好さに対する主要原

因が求められるのであろう」[3]と述べていることからも明らかなように、視界を共有し肌のぬくもりを感じさせる「おんぶに抱っこ」という育児法は、子どもに物分りの良さをもたらしただけではなく、情緒的な安定や肉親との絆を深めてきたと考える。

このような家族形態が、農耕社会から工業社会へと移行するにしたがって、「夫婦・親子・きょうだいなど少数の近親者を主要な成員とする」[4]核家族世帯へと変貌。1975年から2005年の30年の間に人口が1,500万人増加したのに対し、世帯数も同数の1,500万世帯増加し[※]、世帯の小規模化を拡大。

※人　口（1975年―111,940千人　～　2005年―127,756千人）
　世帯数（1975年―32,877千世帯　～　2005年―47,043千世帯）

しかも一方で核家族化の進行という分析用語とは裏腹に、核家族の構成割合は1970年代以降60％前後で推移。ただし世帯構成の変化は著しく、核家族世帯を構成する夫婦のみの世帯とひとり親と未婚の子のみの世帯が激増したのに対し、核家族世帯の核ともいうべき夫婦と未婚の子のみの世帯の構成割合は激減。さらに単独世帯や高齢者世帯（65歳以上の者のみで構成するかまたはこれに18歳未満の未婚の者が加わった世帯）、その他の世帯（上記以外の世帯）が増加し、三世帯の構成割合は激減し、dinks（double income no kids）やパラサイトシングル（parasite single）など多様な生きかたが現われている現在、核家族化や少子化対策の視点よりも、将来への不安がもたらした家族形態の多様化との認識の上での支援策が必要であろう。何故なら三世代・多子家族形態から家族形態の多様化への移行は単に子育て・子育ち応援団の存在を消滅させただけではなく、古来より習得され共有伝達されてきた育児知識やスキルの世代間伝承を欠落、結果と

して、文化として形成されていた日本固有のあたたかな子育て・子育ち文化をも崩壊させ、さらには人間性喪失──自己中心的けもの以下化現象蔓延の危険性を孕んでいる。

　この危機的状況から脱却するためには、今後家族形態がどのように変貌しようとも、日本の家族関係が、欧米の夫婦を中心とするあり方に対し、かつては「向う三軒両隣」の相互扶助の中で、子どもを真ん中に、夫婦が相和して絆を深めていた営みであったことを検証し、通底する子どもたち一人ひとりの"いのちの歩み"を支える子育て・子育ち文化を再構築する必要がある。その場合、家族成員一人ひとりの人間性回復が不可欠の前提となる。

(2) 地域社会の諸機能と空洞化による弱体化

　地域社会とは「一定の空間的領域を地域と規定し、その空間的広がり（地域性）に社会的連帯（共同性）が認められるとき」[5]と定義されているように、地域社会の主要な構成要件は（地域性）と（共同性）であり、地域住民はその空間的広がりの中に居住（地域性）し、関心や心情、連帯を共有（共同性）し、社会的共同生活を営んでいるといえよう。つまり地域社会とは１枚の布のようなもので、かつては都市部においてもそこに従事する人も含めて、学校や寺院・神社、福祉施設や公民館、地場産業を経糸に、地縁・血縁を緯糸に、さらには様々な地域機能を張りめぐらした空間的な広がりであり、地域住民全体の生活を維持する必要性から、個々の家庭や経営の自由な発展を阻害する面があったものの[6]地域住民の生活の安定・安心を支える役割を果たしていた。

　例えば子産み・子育て・子育ちに関わる地域機能に限ってみても、世代間の交流〈世代間交流機能〉をベースに、囲炉裏を囲んで、

将棋盤を真中に、あるいは井戸端で、縁側で、祭りや祝いごとを通して、異世代の人たちが豊かに交流し、情報を受信・発信〈情報受信発信機能〉し、可能な範囲という条件下ではあったが生活の相互扶助〈生活扶助機能〉、育児知識やスキルの伝承〈育児知識・スキルの世代間伝承機能〉、子どもの見守りや育み〈児童健全育成機能〉、あるいは杜氏や大工、染色工や織工、菓子職人や農家など様ざまな技能者たちとの交流を通して、子どもたちはその育ちの過程で夢や希望を膨らませ、地場産業や農業の後継者として担い手〈生産機能〉としてなど、網の目のように張りめぐらされた地域機能が、子産み・子育て・子育ちを支えていた。

　このような機能をもっていた地域社会が著しく変貌しはじめたのは1960年の「所得倍増計画」に基づく高度経済成長政策が打ち出された以降といわれる。つまり経済至上主義は兼業農家の激増や職住分離、都市化による過疎過密化、地縁血縁の解体や家族形態の変化、能力の有無による人間の序列化などを引きおこし、その結果として家族関係や近隣関係の希薄化を進行させ、地域機能の弱体化を加速、地域社会に住む人びとの生活を極めて不安定なものにしはじめた。

　このような地域社会の変貌に危機感をもって、1970年代に地域社会再生のための「新しいコミュニティづくり」が提唱されたが、共有・連携すべき価値・目標も、新しいコミュニティづくりの担い手、核ともなる組織も不明確なままに取り組まれたため、自治連合会主導の打上げ花火的体育活動や文化活動に終始し、地域社会の再生はおろか、地域社会の空洞化に一層の拍車がかかり今日に至っている。

　この現状を打開するためには5間（時〈間〉・空〈間〉・仲〈間〉・

人〈間〉・世〈間〉──地域社会）の回復が喫緊の課題である。5間の喪失が叫ばれはじめて既に久しいが、この5間は子どもの育ちに不可欠な〈間〉というだけでなく、成人にとっても欠くことのできない環境であり、特に世間（地域社会）のあり様は、あたたかな人間関係のもとに構築される環境だけに人間性の回復が必須の与件となる。即ち"いのちの尊厳"を基底とする人間性の回復のもと、地域社会の空洞化に歯止めをかけ、子産み・子育て・子育ち文化を再構築する必要がある。そのためには地域住民の一人ひとりが自らの"いのち"のあり様を問い続ける姿勢が肝要である。何故なら自らの"いのち"のあり様を問い続けてのみ他者の"いのち"の重さを理解し得るからである。

(3) 重層的異年齢集団から同年齢集団、孤化へ

　子育て・子育ち応援団として、重層的な異年齢児による集団が果たしてきた役割はきわめて大きかった。三世代・多子家族の項でも触れたように、きょうだいが弟や妹の子育て・子育ちに関わってきた家庭における異年齢児の存在、二つには群れ遊び文化の伝承にみられる地域社会における異年齢児の交わり、三つには保育園や幼稚園における異年齢保育や小・中学校における自然発生的な異年齢児集団の形成など。かつてはこれら3者が重層的に異年齢児による子ども社会を構成し、子育て・子育ちに寄与してきた。

　今日少子化が極端に進行（合計特殊出生率が1983年と1984年の例外を除き、人口置換数（人口不変）の2.08を切った1974年以降毎年のように最低を更新。平均世帯人員も2005年には2.68まで減少。）し、従来きょうだいが担っていた家庭における役割

も、また子どもの育ちに不可欠な3間（時間・空間・仲間）も喪失。例えば〈時間〉は学習塾やお稽古ごとに奪われ、遊びの〈空間〉は里山を初め、河原や空き地、寺社の境内などが、有用性や効率性、経済性や利便性を重視する経済競争社会の今日、ビルや工場、マンションやガレージに変身。異年齢児が群れ遊べる空間は皆無となり、〈仲間〉は能力の有無による序列化によって競争相手となり、都市部では既に地域社会から子どもの歓声が全く聞かれなくなり、孤化の一途を辿っている。加えて〈人間〉も〈世間―地域社会〉も喪失、対成人とのコミュニケーションを結ぶ機会さえも奪われている。

　競争原理を至上とする社会の変貌は異年齢児集団を解体し、子育て・子育ち応援団の役割を消滅させただけではなく、子ども自らの成長にも大きなダメージをもたらしてきた。即ち異年齢児との交わりを通して獲得していた行動規範や社会性、失敗体験や達成感、責任感や思いやりなどの慈性等々が形成されぬまま思春期を迎え、様ざまな問題を噴出させているが、これらの子育て・子育ち応援団の存在は、子ども自らの育ちも含め、法律や制度の枠の中で形成されたものではなく、日本固有の自然観やいのち観、人間観などに支えられた自然体で形成された文化であるだけに、子どもたちが現在を伸びやかに生きられる社会を構築するためには文化としての異年齢集団の形成と群れ遊びの復活に向けて汗を流す責務がある。

　以下、子育て・子育ち支援のあり様を文化とする根拠について、社会福祉援助のあり様も含めて文化との関係を考察する。

日本人の特性と固有の文化

1. 日本人の特性

(1) 日本人の自然観

　弥生時代以前に1万年以上も続いた縄文時代を経験してきた日本人は、固有の自然観を育んできた。つまり1万5千年前ごろから日本列島は急激な温暖化により、多くの動植物が繁殖する森を形成し、魚介類が豊かな自然環境を成立させ[1]、その自然との対話を通して日本人固有の「木の文化」や「食の文化」、「いのちの文化」や「共生の文化」を形成し、今日までその文化を受け継いできた。日本文化の基層が縄文文化にあり[2]といわれる所以であるが、その固有の文化が大きく揺らぎ始めている。

　「自然とはあらゆる生命の母胎である」との教訓があるように、自然とは、山川草木だけをさすものではなく、地球そのもの、宇宙そのものが"いのち"をもち、"いのち"を産みだし、育む壮大な母なる胎そのものと考える。即ち地球を、宇宙を構成する森羅万象すべてのものを含んだ総称と押さえたい。その母なる胎——自然を人間は破壊し、人類滅亡へ陥れようとしている。何故このような状態になったのかを厳しく検証しておく必要がある。

日本人を「森の民」、欧米人を「草原の民」という。善し悪し
は別として、日本人は縄文時代以降より豊かな自然に恵まれ、"自
然と一体化する・自然と共生する"という自然観を育んできた。
一方欧米人は過酷な自然環境の中、生きるために、自然を"支
配すべき・征服すべき対象"、つまり人間に対立的なものとして、
人間中心・人間優位の自然観を育ててきた。この違いは、人間と
他の生命あるものとの関係を、前者が自然を人間のためだけにあ
るものとは捉えず、人間もその一員とする横の関係とみるのに対
し、後者は人間優位の考え方から縦の関係とみる傾向がある。こ
の人間上位を基調とする欧米の自然科学・科学技術の進展が日本
にも影響を与え、日本人の自然観を大きく変容させてきた。即ち
日本人の自然に対する今日の風潮は、残念ながら人間中心に軸足
を置き、人間にとっての有用性や効率性、経済性追求に傾斜させ、
生きとしいけるすべての"いのちの歩み"を支える母なる胎──自
然を破壊。結果として「自然との対話」の機会を奪い去り、「物
との対話」の世界に閉じ込めつつある。
　アスファルトの裂け目を広げ、芽を出している草花にも感動す
る子どもたちは、自然──野の草花、小さな生きものたちとの交流、
太陽のあたたかさやまぶしさ、水の冷たさやここちよさ、雲の形
や流れの妙、石ころの色や形のおもしろさなど、ありとあらゆる
自然現象から様ざまなことを学ぶ。子どもたちは自然の恵みを遊
び具に、生きものたちとの対話をとおして思いやりや優しさ、さ
らには共生していくことのすばらしさ、四季や自然の摂理をとお
して"いのちの誕生や死"を経験し、"いのちの尊さやはかなさ"
を基底に、感性豊かに、創造性豊かに、さらには社会性を身につ
け、個性豊かに成長していく。

　今日に見られる自己中心的けもの以下化現象蔓延の原因は、経済的繁栄、即ち"もの"の豊かさをもって幸せと受け止め、「自然との対話」をとおして伝承されてきた文化――"いのちや生きかた"に対するあたたかなまなざしの基ともいうべき自然を破壊してきた結果といっても過言ではなかろう。未来を担う子どもたちの育ちの懐である"いのちの歓び響きあう自然"は先祖からの預りものである。わたしたち成人は「対話」が可能な自然を次世代に引き継ぐ責務がある。そのためには成人一人ひとりが自らの生き方に矢を向け、身を正す必要があろう。

(2) 日本人のいのち観

　社会福祉とは、社会的に援助を必要とする人たちだけではなく、すべての人一人ひとりが、<u>受胎から死に至る全生涯</u>にわたって、"いのち"を全うできるよう、"いのちの尊厳"を基底とする生存生活権、発達権、自己実現権等保障のための理論・制度施策・援助活動の総体」（大和）であり、保育（養護と教育）とは、「この宇宙に、唯一無二　固有の"いのち"を授かった子どもたち一人ひとりの"いのちの歩み"を支える　日々の営み」（大和）である。ではこの場合の"いのち"とはどのような内容を示すのであろうか。

　"生命"と"いのち"の違いを、有限性と無限性、閉鎖性と開放性、あるいは客観性と主観性などに区分する主張もあるが、波平恵美子が『いのちの文化人類学』で日本人の"いのち観"を論じ、「便宜上祖先崇拝に見出せるような（開かれ連続する生命観）を"いのち"と表記し、現代的な（閉じられた生命体を強調する生命観）を"生命"と表記しながらも"いのち"と"生命"をわ

けて論ずることは終始一貫しないこともある」と指摘しているように、現代医学や生命科学の領域からの"生命"の説明は可能かも知れないが、"いのち"と表記した場合、難解な問いではなかろうか。

　筆者自身、"いのち観"を論ずる力量はないが、既述のように"いのちの尊厳"を基底とする社会福祉援助活動・保育に従事する援助者には"いのち観"の深まりは不可欠であり、「いま　ここに存在するわたくしの"いのち"とは」と問われれば

　　　　無限の裾野をもつ　いのちのピラミッド
　　　　その頂点に屹立する　唯一無二のいのち

　　　　悠久の時を受けて　現在（いま）あり
　　　　現在（いま）の生きざま　未来（あした）を拓（ひら）く

　　　　過去・現在・未来を貫く　固有のいのち
　　　　それがわたくし　わたくしのいのち　　　　　　　（大和）

であると答えたい。地球上に"生命"が誕生した38〜40億年前から、一つの"生命"・"いのち"をも欠くことなく受け継がれ、受け継いでいく"わたくしのいのち"。さらには動植物の"生命"を食材として、光・水・土・風など宇宙の森羅万象によって生かされてきた"いのち"の歩み、胎内における38億年間の進化（38週—母の胎内での1週間が1億年の進化に相当するという）の不思議を経ての"わたくしのいのち"であり、未来にも責任を負う想像を絶する"わたくしのいのち"である。この"いのち観"は

筆者固有の"いのち観"であると同時に、国・民族を問わずすべての人一人ひとりが、この宇宙に唯一無二のかけがえのない固有の"いのち"を授かっていることに連なる。"いのち"を上記のように押さえた時、"いのち"への畏敬の念、感動の深まりを禁じえない。

　客観的事実に基づく上記の"いのちのあり様"を踏まえて、各国・民族はそれぞれの風土とのからまりの中で、固有の"いのち観"・"いのちの文化"を形成し、日常の生活様式・行動様式を共有していくが、わが国の場合、どのような意識・行動として習得され伝承されてきたのかを、以下子どもの育ちとの関係を中心に考察してみたい。

　"いのち"とは〈イは息（いき）・チは勢力〉。したがって「息の勢い」が原義で、古代人は生きる根源の力を眼に見えない勢いのはたらき[3]とみ、また「息の内」・「息の道」から生＝息[4]という受け止め方や、〈い〉を生きるということ、〈ち〉を智恵と領解し"いのち"を「生きるための智恵」[5]として伝承してきた。つまり日本人は1万数千年にも及ぶ豊かな自然との対話をとおして、"いのち"を目に見えない「生きる根源の力」・「生きるための智恵」として、様ざまな"いのちの文化"を形成してきた。

　今日の殺伐とした世相によって、既に死語化している「いのちに過ぎたる宝なし」の文化や、神仏による、あるいは人智を超えた奇跡的縁の結び合いによると考えられる「子どもは授かりもの」という文化が、現在では「子どもをつくる」という風潮に変質しつつあるが、従来各地でみられた子産石・(孕み石)や子安地蔵・子安観音・子安神に対する信仰、あるいは子ども期における様ざまな通過儀礼なども、目には見えない生きる根源の力と

いう日本固有の"いのち観"のもとに形成された文化ではなかろうか。さらには受胎の時をもって"いのちの誕生"とみる「かぞえ年」（1949.5.24以降満年齢）の文化も、"いのちの永遠性"を意味する「いきを引き取る―もとのところへ戻る」という文化も、すべて豊かな自然が育んだ固有の"いのち観"によって形成されたものと考える。近年"いのちの尊厳"がさかんに叫ばれているが、"いのちの尊厳"を自らのものとするためには、自己の存在――生きるということ・死ぬるということを問い続ける必要がある。今日の自己中心的けもの以下化現象を払拭し、あたたかな人間関係を再構築するためには、すべての人一人ひとりが、真摯に"いのち"に向き合うことが求められているのではなかろうか。

(3) 日本人の人間観

　個人主義が恰も世界共通の普遍的人間観であるかのような錯覚が一般化しているが、人間観についても歴史と風土によって育まれた固有の自然観・いのち観をうけて、日本特有の人間観を築き上げてきた。即ち、浜口恵俊が指摘しているように、西洋人の個人主義に対して東洋人（日本人）は間人（間柄）主義であり、その属性を自己中心主義に対し、相互の扶助が人間の本態とする相互依存主義、自己依拠主義に対し自分の行動に相手が応えるというお互いを信頼する相互信頼主義、対人関係を手段と視るのに対し、相互信頼の上に成り立つ関係自体が価値あるものとする対人関係の本質視[6]という全く異なった人間観を育んできた。

　個人主義とは宗教改革期における個人的・人格的価値の発見により自覚され、社会の近代化の進行に伴って普及するに至った、個人を立脚点とし、社会や集団も個人の集合と考え、それらの利

益に優先させて個人の意義を認める態度[7]である。この個人主義を多くの人が利己主義と同一視してきた結果、自己中心的けもの以下化現象を増幅させ、今日の混乱を招いているが、日本にはお互いに助けたり助けられたりしていくべきという、個人主義や利己主義とは全く異なる「人は互い」という諺からも窺われるように、固有の人間観、それに基づく「間柄主義の文化」・「共生の文化」を形成し共有伝承してきたはずであり、この誤った受け止め方の是正は、自然発生的に形成されてきた子産み・子育て・子育ちのあり様を再構築する上で早急に取り組まれる課題である。何故なら利己主義という誤った受け止め方だけではなく、相互扶助や相互信頼、対人関係を本質とする人間観そのものが拠りどころとなり、救済活動が近親者による相互扶助を先ず第一とし、次いで村落共同体が援助、双方で対応が不可能な場合初めて公が救済措置をとるという歴史的経緯を辿ってきた事実があるだけに、この人間観が否定的に受け取られる危険性を孕んでおり、今一度日本人の原点である“和の心”を核とした間柄主義を検証しておく必要がある。

　社会福祉援助活動の対象が、従来の限定された特定多数の人たちからすべての人一人ひとりを対象とし、孤独や孤立、排除や摩擦から援護し、社会の一員として包み支え合うというソーシャルインクルージョン（social inclusion）を社会福祉の基本原理とする方向で展開しつつある今日、公助・自助・共助の総合的な枠組みの中での援助活動が求められ、公助の一層の充実が期待されるが、子産み・子育て・子育ち支援の場合、フォーマルな公助や個別的自助のみで多様なニーズに応えることは物理的に不可能であり、あたたかな相互信頼のもとに成り立つ人間観をベースとした

インフォーマルな共助の取り組みは重要な鍵となる。

2. 文化とは

　イギリスの人類学者タイラー（1832 ～ 1917）が、文化とは、「社会の成員として人間の獲得した知識・信仰・道徳・法・習慣その他あらゆる能力と習慣を含む複合的な全体」と規定し、マリノフスキ（1884 ～ 1942）はこれを「非物資文化」（芸術・宗教・科学理論など）と「物資文化」（道具・機械・交通手段など）、「制度的文化」（習慣・法など）の三つに区分[8]。またアメリカの文化人類学者クラックホーンは、「歴史的に形成された外面的および内面的な生活様式 design for living のシステムであり、グループの全員もしくは特定の成員によって共有されるもの」[9]と定義づけ、芳賀　綏はその著言語文化論講義『日本人らしさの構造』の中で、「人間が①集団（社会）の中で②後天的に形成・保持し、③伝統・因襲として各自が受け継ぎ身につけて行く生活の様式と意識・行動の傾向のすべて[10]と定義づけている。以上の定義を受けて私見が敍されるならば、文化とは「精神文化も含め、時間（歴史）と空間（風土）によって形成される、古来よりその国・民族の人びとにより習得され、共有伝達されてきた行動様式のあらゆる側面を包括する複合的全体」（大和）といえよう。したがって日本には日本固有の文化があり、イギリスにはイギリスの、中国には中国固有の文化があり、いずれの国・民族も固有の文化をもつ。

　明治維新以降今日に至る欧米化によって日本は固有の文化の存立を危うくするほど変貌してきたが、生活様式・行動様式として共有伝承されてきた "いのちの歩み" を支えるべき固有の子産

み・子育て・子育ち支援の文化までもが混乱を極め、危機的状況
に陥っている。この危機的状況を脱し、子産み・子育て・子育ち
の歓び・感動を共有するために、日本人の特性がもたらした固有
の文化形成の背景を考察する必要がある。

(1) 日本人の美意識と子ども

　日本人は古来より小さいものを愛する感覚、「うつくし」とい
う美意識をもつ。「愛し」の最も古い意味は、山上憶良の「妻子
みれば　めぐし愛し」（惑える情を反さしむる歌一首　万葉集巻
5　800）に見られるように、「親が子を、また夫婦がお互いにか
わいく思い、情愛をそそぐ心持」[11]を表したものであるが、こ
の歌の「愛し」の対象が子どもであり妻であることから、小さい
ものを「愛し」と見る思いがすでに含まれており、子への思いを
詠んだ「瓜食めば　子ども思ほゆ　栗食めば　まして偲はゆ　い
ずこより来たりしものぞ　まなかいに　もとなかかりて　安眠し
なさぬ」（子等を思う歌一首　万葉集巻5　802）や「銀も金も玉
も　なにせむに　優れる宝　子にしかめやも」（子等を思う歌一
首　反歌　万葉集巻5　803）の歌からも「愛し」の対象が小さ
な子どもであることが窺われる。

　この親子や夫婦間の情愛を内容とした「愛し」が平安時代にな
ると、「小さいものをかわいいと眺める気持へと移り、梅の花な
どのように小さくかわいく美であるものの形容」[12]となる。清
少納言が『枕草子』の中に「うつくしきもの」の段を設け、よう
やく這いはじめたばかりの赤子の仕草や雀の子のねずなきするに
おどりくる様、お雛様の道具や幼げにして文読みたる声などを列
挙し、「なにも　なにも　ちいさきものは　いとうつくし」（『枕

草子』──「うつくしきもの」155）と、日本人の特質ともいうべき「小さきものを愛する美意識」を示している。この美意識が子どもを見る目を、子産み・子育て・子育ちへのまなざしを限りなくやさしくし、固有の文化を形成してきたといっても過言ではなかろう。1877年に来日したアメリカの生物学者 E. S. モースが、その著『日本その日その日』の中で、日本が「子どもの天国」であり、「世界中で日本ほど、子供が親切に取扱われ、そして子供の為に深い注意が払われる国はない。ニコニコしている所から判断すると、子供たちは朝から晩まで幸福であるらしい。」[13]と述べているように、日本を訪れた欧米人の多くが驚嘆していることからも窺い知ることができるし、児童虐待が危機的状況にある今日でも、中高年の人たちだけではなく、若者たちの子どもに対するまなざしから、小さきものを愛する美意識に基づく子どもへのやさしさが受け継がれていることを感じとることができる。ただし殺伐とした世相が蔓延しつつある今日、この遺伝子が今後とも受け継がれるという保証はなく、親（成人）一人ひとりが早急に自らの生き方に矢を向ける必要があろう。

（2）親（成人）と子どもの関係

「遊びをせんとや生まれけむ　戯れせんとや生まれけん　遊ぶ子どもの声聞けば　わが身さえこそ揺るがるれ」（『梁塵秘抄』──後白河法皇編著による今様歌謡集）

後白河法皇による院政時代は平治の乱を初めとする政争や武士の台頭、延暦寺僧徒の強訴や源平の争い、飢饉による餓死や強盗、放火などが頻発する物情騒然とした時代で[14]あった。一部の階層を除き、生きることすら保証されない紛乱した世相であったに

も拘らず、子どもへのあたたかなまなざしが、さらには「わが身さえこそ揺るがるれ」のフレーズからも窺うことができるように、子どもと親（成人）が遊び（遊戯）を共有している。また、痛さよりも子に歯がはえたことへの歓びを詠んだ元禄時代の川柳「乳をかめど　子の歯の生る嬉しさよ」（1691年）や子どもの成長に限りない愛情を表現した「這えばたて　立てばあゆめの　親ごころ」（1692年）、さらには明治11年に来日したイギリスの旅行家イザベラ・バードが、「私は、これほど自分の子どもをかわいがる人々を見たことがない。子どもを抱いたり、背負ったり、歩く時には手を取り、子どもの遊戯をじっと見ていたり、参加したり、いつも新しい玩具をくれてやり、遠足や祭りに連れて行き、子どもがいないとつまらなそうである」15)と子どもと親（成人）との濃密な関係を活写している。この時期も新政権を樹立したとはいえまだ世情は安定せず、農民一揆や西南の役（明治10年―1877年）、大久保利通の刺殺（明治11年―1878年）など大変不安定な状態であった。このような親と子の、子どもと成人の豊かな関係はどのような時代であっても受け継がれ、高度経済成長期に突入する1960年代の中頃まで見受けられた。つまりこの時期までは「目と目」を合わせ、「肌と肌」を密着させ、「同じ視界」を共有し、「子どもと親（成人）が交わる（遊戯）こと」を共に楽しむという日本固有の子育て・子育ち文化を継承していたといえる。

　今日、殺伐とした世相から、子産み・子育て・子育ちの困難性ばかりが声高に叫ばれ、子育てに対する意欲や歓びを低下させるような風潮が蔓延しているが、先に論じたように子産み・子育て・子育ちは大事業であり、地域ぐるみで支援するという文化を、遺

伝子を未だ受け継いできているはずである。現に"点"としての取り組みではあるが、NPOや個人や団体による安全なまちづくりや見守りパトロール、おもちゃライブラリーや子ども文庫、親育て講座やふれあい広場など、インフォーマルな子育て支援が、様ざまな形で、地域で展開されていることが何よりの証左であり、これらの支援活動を"いつでも　だれでも　どこででも"利用できる"面"に広げることが喫緊の課題であろう。

　近年日本が発信するマンガやアニメ、玩具が世界の多くの国ぐにで受け入れられているが、子どもの育ちに対する成人の限りない慈しみの姿勢が万国に根付くか否かは別として、日本固有の誇り得る文化であることを再確認し、子どもを授かることの感動、子育て・子育ちの歓びを共有するために、地域ぐるみで汗をかく必要があるのではなかろうか。

　豊かな緑環境によって育まれた日本固有の自然観やいのち観、人間観をベースに形成された様ざまな継承しておくべき固有の文化を、戦後（1945年）にすべてを悪しきもの、古きものとして捨て去ってきたところに今日の混乱があり、このまま放置しておけば将来に大きな禍根を残す危険性がある。将来のあり様を決定づける大きな曲がり角にある今日、わたくしたちは現況を直視し、古来より日本人が共有伝承してきた固有の文化の何を次世代に引き継ぎ、どのような文化を創出するのか、一人ひとりが傍観者的姿勢（見て見ぬ振り症候群）を克服し、真摯に取り組む責務がある。

　"いのち"軽視の危機的状況を打開し、日本固有の子育て・子育ち文化を再構築するためには、すべての人一人ひとりが自らの生きかたに矢を向け、人間性を回復し、それに基づくあたたかな地域社会を再生することが不可欠との仮説のもと、日本人が古来

より共有伝承してきた文化を切り口に、再構築の可能性を探って
みた。

日本の習俗及び来日外国人の書翰から見える固有の子産み・子育て・子育ち文化

　親による身体的虐待やネグレクト（育児怠慢・放棄）など生死にかかわる子育ての異常さに加え、近年ではさらに目が合わない子、笑わない子、後追いをしない子などが増加し、親子関係が希薄化の一途を辿ってきているが、果たして幕末から明治初期にかけて来日した外国人が驚嘆した「子ども天国」[1] の子育て・子育ち文化は既に過去のものであり、再生は不可能なのであろうか。

　偶然同じ車輌に乗り合わせた小さな子どもたちに対する中高年者の眼差しが限りなく優しいこと、また常に非常識との批判を浴びる若者たちですら、少し距離がある場合、中高年者同様慈しみの眼差しで子どもたちを見守っている。これら若者や中高年者の眼差しというひとつの事象からだけでも、母と子の絆、父と子の関係、成人と子どもの交わりなどは再構築できると確信するが、小さいものを愛しとみる日本固有の遺伝子が将来ともに受け継がれていくという保障はない。むしろ今日の自己中心的けもの以下化現象蔓延の風潮から推測すれば、遺伝子外情報（環境）によっ

て消滅する確率の方がはるかに高いのではなかろうか。その為には産育・生育儀礼や来日外国人が活写した日本固有の素晴しい子育て・子育ち文化の一つひとつを検証しておく必要があろう。

　以下、日本固有の子産み・子育て・子育ち文化を「節・項」を設け考察する。

1.　日本固有の子産み・子育て・子育ち文化
　─日本固有の生育儀礼─

　人間の一生は「竹」に似て、多くの節目がある。したがってすべての国・民族には伝承文化として固有の人生儀礼（産育・婚姻・葬送など）があり、諸外国との対比を通して日本の固有性を論ずる必要があるが、後日の研究に譲り、本節では日本の習俗として広く営まれてきた「妊娠前の子授け文化」と「生育儀礼」に絞って紹介し、考察してみたい。

（1）妊娠前の子授け文化

　子授けの文化とは、妊娠を神仏に祈願する習俗である。祈願の対象となる神仏とは、日本の至るところで見受けられる子安神や道祖神、地域の氏神などの神仏だけではなく、子安石や子持ち石、子孕み石などの「自然石」や、子抱き松や子授け銀杏、子持ち松などの「古樹木」も祈願の対象とする。祈願の方法は、合掌し子授けを念ずる形を主とするが、像や石、樹木をなでたり、周りを回ったりなど多様な祈り方がある[2]。

　子育てと仕事の両立の困難性を初め、子育ての経済的・時間的・心理的・エネルギー的負担感に加えて、高学歴化や晩婚化の進行、さらには価値観の多様化に伴うライフスタイルの変化が子育

てに対する意欲や歓びを相対的に低下（夫婦の出生力の低下）させ、ディンクス（dinks=double income no kids）やパラサイトシングル（parasite single）など新たな生き方を多様化させ、少子化の進行に深刻な拍車をかけている。

合計特殊出生率が2005年に過去最低の1.26を記録した後、2006年から2009年まで微増はしたものの、団塊ジュニアの駆け込み出産によるもので、母親となる層が減少している実態から大幅な増は期待できず、出生数も2005年以降110万人台を切り続け、減少の一途を辿っている。

出生数が200万人台を超えたのは第1次・第2次のベビーブームの時を除き昭和の初期（戦前・戦中）のみである。この期の多子現象を波平恵美子は「この時期の日本の人口増加は社会全体の価値観や利害と個人や夫婦、あるいは家族の価値観や利害が一致した結果である」3) と論じている。つまり国家の兵士の員数確保と家族制度を守るための予備の子ども確保、さらには中絶堕胎に対する社会的制裁の強化によると断じている。

当時の戦時体制とは環境は異なるが、消費生活を謳歌してきた世代の生きかたや価値観が多様化している今日、社会と個人や夫婦の価値観や利害が一致するはずもなく、ましてや現状の豊かさを放棄し、子育ての不安や困難性からも目を逸らし、少子化の歯止めという社会の要請に応えるとは考えられない。にも拘らず、従前通りに子安地蔵を初めとする神仏や子産石、抱き松などに祈願する人びとが多いのは、今日の無届け堕胎の多さや年少児に対する虐待頻発など"いのち"軽視の風潮からすれば相反する行動のようにみえる。が、単なるパフォーマンスなのであろうか。この相反するかのような行動に通底する基盤こそが日本人固有の精

神文化——信仰心や自然観・いのち観・人間観など——にあると推測できる。

　この精神文化と子授け祈願との切り結びについては、次項の「日本固有の生育儀礼」と併せて論及するが、先に結論を要約すれば、1万年以上に及ぶ緑豊かな縄文時代の経験を基層とする文化を更に深化させ受け継いできた結果と推測できる。

　自然が紡いだ自然崇拝、即ち古代以来山岳に神霊が宿るとする山岳信仰（神道や修験道）や人間だけではなく自然にあるものすべてに仏性ありとする「山川草木悉有仏性」などの仏教の導きが今日まで受け継がれ、"いのち"への眼差しを、受胎を望むか否かは別として、抵抗なく習俗として、自然体として合掌しているのではなかろうか。受胎から成人に至るまでの様ざまな儀礼のあり様からも、その背景に色濃く滲んでいる精神文化を読み取ることができる。

(2) 日本固有の出生儀礼——受胎から出産前・後までの儀礼——

　儀礼とは非日常的次元に属する呪術的宗教的行為と世俗的行為が含まれる行為で、年中行事や人生儀礼、臨時の危機の儀礼（病気治しや雨乞い）[4]などの行為を内容とする。本項で取り上げる出生儀礼とは人生儀礼中の妊娠、出産、出産後に伴う儀礼と定め、この期を中心に考察する。

1. 受胎後の儀礼

　数え年（1959.5.24から現行満年齢）や享年表示からも明らかなように、日本人は受胎をもって"いのちの誕生"とみる"いのち観"のもと、受胎後から出産前後にかけて様ざまな非日常的な

儀礼を執り行なってきた。

　受胎（妊娠）とは精子が卵子と結合し、子宮に着床したときをいうが、1回の射精での精子は3億から5億（1cm³　約3億ともいわれる[5]）であり、しかも卵子が月に1度、1個しか成熟しないという妊娠回数の制限を考えると、一つの生命の誕生は天文学的な数字の確率となる。それだけに妊娠が明らかになると、その歓びを共有するための儀礼として、社会的に胎児の存在を承認してもらう、生家の親や近親者を招いてハラミブルマイの祝いや、胎児の育ちが安定しつつある5か月目の戌（いぬ）の日の産婆や親戚、近隣の女性などを招いての帯祝い（腹帯＝岩田帯）などが執り行なわれてきた。その反面、妊婦には食事や日常的な行為などに様ざまな禁忌[6]が課せられた。即ち「血」はもともと豊穣をもたらすものと考えられていたが、死穢（しけがれ）との結びつきで徐々に「血穢（赤不浄）」と受け止められるようになり、しかも穢れは火によって感染すると考えられていたため神事における禁忌のみならず日常生活にまで広がり、出産が近づいた頃から産後の忌明けまで「別家（産屋）」に籠り、「別火」で調理するという、その間に穢れを祓（はら）うための様ざまな儀礼が習俗として執り行なわれていた。しかしながらそれらすべての儀礼は胎児の健やかな育ちや産婦の生命の安全と家族やムラ人への禍を避けるための禁忌[7]であり、それらの禁忌儀礼が、日本人の"いのち"をいとおしむ慈しみの眼差しと小さなものを愛しとみる"感性"・"美意識"、さらには「向う三軒両隣」の豊かな互助・絆の文化が共有されていたからと推測できる。

　禁忌を課す風習は科学の進展により姿を消しつつあると推測できるが、ハラミブルマイや帯祝いは家族中心に姿を変えてはいる

ものの依然として受け継がれてきている。

　「無縁社会」・「孤族の国」と評される今日、共同体としての近隣関係の絆はともかく、霊が宿ると考えられ、自然物を礼拝の対象とする自然崇拝の習俗や神仏に対する信仰心が紡いだ日本固有の精神文化が消滅したとは考え難い。この事実に目を向け背景を探ることによって、子産み・子育て再構築の糸口が見出せるのではなかろうか。次項と併せて論及してみたい。

2.　出産直後から初誕生日までの儀礼

　人としての誕生には、一般的には胎内での約38週間（十月十日ともいう）に及ぶ成長過程の月日が不可欠である。即ち受胎後の受精卵が〈魚類〉に似た状態から〈両生類〉の姿形に、さらに〈爬虫類〉・〈哺乳類〉・〈霊長類〉の過程を経て〈ヒト〉へと進化し、胎外へ産み出されるのに必要な月日である。この地球上に生命が誕生したとされる38億年前（40億年の説あり）と胎内での38週を切り結べば、胎内での1週間の成長が生命進化の1億年に匹敵するという、天文学的確率である受精同様、想像を絶する「ヒト」としての"いのちの誕生"である。

　今日では施設設備が整い、緊急時にも対応できる近代的な助産施設に出産前から入院し、出産・産後の安定期まで医療的援助を受けるのが常態であるが、それでも胎児と母体の安全を願って、子授け祈願同様に安産を神仏に祈願するという習俗が広く踏襲されている。

　妊婦にとって出産は人生最大の難事であり、自身の精神的身体的不安が即胎児の生死に直結するだけに、安産を神仏に祈願するという行為は日本人固有の自然観やいのち観、信仰心に基づく習

俗であり、今後とも継承されていくものと推測できるが、では出産後の子どもの健やかな育ちに対して、母親・父親・家族たちはどのような禁忌儀礼・生育儀礼を執り行なってきたのか、以下概観し、その背景を探ってみたい。

　ヒトは他の哺乳類に比べ生理的早産といわれるように、未成熟の状態で出生する。したがって助産施設において医療的援助を受けることを常態とする今日でも、乳児期は周囲の成人たちによる細やかな支えが不可欠である。特に乳児の死亡率が高かった時代では「健やかに育て」の願いのもと、生後1か月あまりの間に集中して、様ざまな禁忌が課せられ、生育儀礼が営まれていた。

○産穢
　出血を伴う出産は神が最も厭う「赤不浄」の状況を引き起こし、産婦や生児、家族にまで神の加護のない悪影響が及ぶという出産に伴う穢れ観（「産穢」）のもと、引続き「別家」に籠り「別火」で生活するなど、様ざまな禁忌が課せられていた。例えば生後1か月頃の初宮参りの日まで、産婦・生児共に「鳥居をくぐらない」・「水神のいる井戸や神棚に近づかない」、オテントウサマにもったいないからと、「オテントウサマにあたらない」などの禁忌が、さらに家族に課せられた禁忌も厳しく、漁師や猟師、大工や指物師などの職人は禍を避けるために産穢明けまで仕事を休むという禁忌が課せられていた。最も産穢の状態は段階的に薄められると考えられていたことから、穢れを祓う様ざまな儀礼が重ねられて日常生活に復帰していた。これらの儀礼のすべてが、自然界そのものに神が宿るとする日本人固有の信仰心が紡ぎだした

禁忌儀礼といえる。

○産飯〈うぶめし〉

　生児に対する生育儀礼は「産飯」の儀に始まる。出産直後にご飯を炊き、「産神」に備えると共に、産婦を初め出産に係わった人たちや近隣の女性たちを招いて共食する儀であるが、盛りつけたご飯に窪をつけたり、小石を添える、あるいは共食者が多ければ多いほどよいとする儀礼のあり方から、単に誕生を祝うというだけではなく、生児の健やかな育ちを願うと同時に将来の繁栄までを視野にいれた祈念の儀であることが窺われる。

　この「産飯」の儀以降、実に様ざまな儀礼が営まれているが、以下初宮参りまでを中心に紹介し、考察を試みておきたい。

○初乳・乳付〈ちつ〉け・乳親〈ちおや〉

　今日では母乳が栄養に富み、免疫体を含んでいることが明らかになり、「初乳」は母乳が中心となっているが、従前は異性の子を授かった女性が「乳付け」の役を担っていた。単に母乳が生児にとって不適切であるとの理由からだけではなく、生児と乳付け者が擬制的親子関係を結ぶ、即ち生児と「乳親」が生涯にわたって結ばれるとする「乳付け」の習俗であり、生児の健やかな生育をもう一人の親（「乳親」）の力で確かなものとし、良縁にも恵まれるようにとの願いと同時に、生児と社会の結びつき・絆を重視した習俗と考える。

　この生児と社会の結びつき、強固な絆形成のための習俗は、その後の節目節目の儀礼でも常に貫かれており、今日の風潮とは異質の対人関係重視の文化が共有されていたといっても過言ではな

い。

○三日祝い

　三日祝いとは生児誕生3日目に執り行なわれる祝い事である。先述の「産飯」同様、多くの関係者を招いての儀礼で、産神に係わることや出産の忌みに係わること、産婦や家族に係わること、生児に係わることなどを中心に営まれるが、特に重要なことは、この三日祝いの儀礼が執り行なわれるまで生児は産神の管理下にあり、この儀礼を機に人間社会に迎え入れられると考えられていたことで、生児にとってこの儀礼は社会の一員としてその存在が認められる最も大切な式日であるといえよう。

○七夜・名付け（名付け親）・産着（産衣）・産毛剃り

　生後7日目は、地方によっては父親の忌明け日、産婦・生児の第1段階の忌明け日とも考えられ、「七夜」には産婦の床上げや生児の初外出日、産神や産婆などとの関係の区切りなどのほか、標記のように様ざまな儀礼が営まれていた。地方によっては儀礼日に若干のずれはあるもののおおむね「七夜」に営まれていたといってもよかろう。

　「産着」の儀は生後3日目あるいは7日目に袖のある着物に手を通す儀礼であるが、これは人間界に属する〈人〉として認知されたことを意味し、「産毛剃り」も生後5日目、7日目、11日目に営まれる場合が多いが、儀礼日の違いよりも、習俗が求める内容に注目したい。即ち「産毛剃り」の儀とは胎児期の初毛を剃り落とし、南天の根元におく習俗である。この習俗の意図するところは、南天を「難を転ずる」と読む語呂合わせによる呪術的ともいうべ

き行為で、科学的根拠など全くないものとして受け止められやすいが、実はいのちに "幸多かれ" との親の願いが、災難の回避を祈る対象として自然界の縁あるものに合掌するという形で伝承されてきたものと思量できるし、類を見ない程濃密な親子関係が紡いだ祈りの習俗といえる。

　様ざまな儀礼を伴う「七夜」の祝いの中で最も重要と思われる習俗は、「名付け祝い」と「名ひろめ」であろう。「産毛剃り」や擬制的親子関係を結ぶ「名付け親」の習俗は、特別の場合を除き、今日では殆ど姿を消してはいるものの、「名付け祝い」や「名ひろめ」の場合、多くの有縁の人びとを招いての祝い方から、家族中心あるいは近親者のみの集いに姿は変わってきてはいるものの、依然として今日まで伝承されてきている。その背景には生児に名をつけるという儀礼が生児の生存や霊魂の安定、さらには一人の人格ある人間として社会に承認させ、生児と社会の絆を強固なものとするなどの現在・将来にわたっての幸せを主目的とする儀礼であるがためと推測できる。

　以上の紹介からも明らかなように、禁忌儀礼にしろ生育儀礼にしろ、儀礼が生後数日の間に集中的に営まれているが、それはとりもなおさず、生児の生死が不安定であるがためであり、様ざまな自然界との結びつきを神仏に祈願してきたといえよう。生存がある程度確かとなった時点でも「宮参り」や「食初め（箸揃え）」などの儀礼が営まれている。

○宮参り・食初め

「宮参り」とは生後28日から30日前後にかけて初めて氏神に参る儀礼である。生児の忌明けと誕生の社会的承認及び氏神による

氏子誕生の承認のための営みで、共同体（村落）の一員であることを強く印象づける習俗と考えられる。

「食初め」とは生児の首がしっかりとすわる100日頃に営まれる習俗で、一人の人間として自立していく力を具えていってほしいとの願いから、子供用の茶碗・箸・膳を揃え、成人と同じものを食べさせる祝いごとであり、生命力の安定を祈願すると共に、将来にわたって食に恵まれることを願っての習俗であり、生児に対する限りない慈しみの眼差しを感じさせる生育儀礼である。

この他生後満1年目までには「初節句」や「初正月」などの生育儀礼が営まれており、殺伐とした現今の世相とは裏腹に、今日に至るもなお先の名付けや宮参り、食初めや初節句の祝いなどは広く受け継がれており、生児に対する親や近親者の温かな想いが滲みでているといえる。これらの生育儀礼が踏襲されている限り子育ての再構築は可能と考える。

○七つの祝い　子供組　若者組

受胎から生後1年に至る間、上述のとおり様ざまな禁忌・生育儀礼が集中的に営まれているが、さらに幼児の生・死不安が顕著であった時代には、7歳（数え年）未満までを神の子として遇し、7歳をもって男女共に氏子入りの儀礼を終え、「子供組」への加入を機に、共同体（村落）の正員として承認された。この節目となる「七つの祝い」の儀とは、生児が神の領域から人の領域に入り、共同体の一員として承認されるための重要な儀礼である。

「子供組」とは7〜9歳の頃から「若者組」や「娘組」（いずれも異称）に加入する12〜17歳くらいまでの異年齢集団で、共同体を支える「若者組」の一員に育てるための教育機関としての役

割を果たすものであった。残念ながら今日では子ども会という組織が自治会単位であるものの、教育機関としての機能は皆無といってもよいのではなかろうか。

　共同体（村落）の存続を維持するための子育ち支援に係わる組織体としては、先の教育機関である「子供組」で終わることなく、さらに青壮年型を基本とする「若者組」という、一人前の成人に成長させるための実体験を伴う訓練機関が各地で形成されていた。この「若者組」の具体的な活動として、共同体（村落）の成員として必要な技術や規範・判断力を身につけるための訓練や、祭礼その他の行事の執行、海難救助や消防あるいは夜警など安全確保の活動、芝居の上演などの娯楽活動などがある。この活動内容からも明らかなように、「若者組」とは構成員一人ひとりを一人前の成員として遇しながらも、上記のような活動を通して成長させることを主目的とする訓練機関といえる。この「若者組」も「子供組」同様、名称を青年会・青年団と変え存続してはいるものの、活動領域は縮小・特化されているといっても過言ではなかろう。

2．諸儀礼形成の背景—精神文化

　以上、子産み・子育て・子育ちのための禁忌・生育儀礼を『日本民族大辞典』や『日本人の子産み・子育て—いま・むかし—』[8]など多くの文献に学び、受胎前から妊娠・出産・出産1年後までを中心に概観してきたが、これらすべての儀礼の根底にある「健やかに育て」と「将来の幸せ」を祈念する産育・生育の習俗である限り、儀礼のあり方は異なったとしても、諸民族に共通する節目節目の儀礼があるだろうことは容易に推測できる。しかし、日

本の場合のように、7歳（数え年）未満までを神の子として育む習俗、特に生死が不安定と認識されていた生後1か月ほどの間に、これほど多くの禁忌・生育儀礼が営まれ、かつ一人前の成人となるための教育機関や訓練機関まで習俗として伝承されている例は他にはないのではなかろうか。筆者にとって他国との対比は今後の研究課題となるが、これらすべての儀礼が日本固有の精神文化に基づく習俗であるだけに、特異な子産み・子育て・子育ち文化が形成されていたといえよう。以下、この産育・生育の文化を成り立たせてきた背景を探ってみたい。

　無縁社会・孤族の国との造語まで生まれてきている昨今の風潮からは想像することすら叶わぬほどに濃密な親子・親族・地域住民との関係の下に形成された習俗で、すべての儀礼が終始一貫「絆」をキーワードに、生死不安定な子ども期への祈念に止まらず、「将来の幸せ」をも視野に入れて営まれている。

　日本文化の基層は縄文文化であるといわれるように、日本人は1万年以上に及ぶ縄文時代の経験を土台に、緑豊かな自然との対話をとおして様ざまな祈りの風習を紡ぎ、日本固有の文化を築きあげてきた。例えば①霊が宿ると考えられた自然界そのものを祈願の対象とする「自然崇拝の習俗」や、②神仏の加護によって生かされていると信ずる「神仏に対する信仰心」、さらには③自然との対話をとおして育んだいのちを、目には見えない〈生きる根源の力〉・〈生きるための智慧〉と伝承してきた「いのちの文化」や、④一人ひとりを個の存在として多様性を認め、人と人との和合を重視する「和の文化」、⑤対人関係を本質とする「間柄主義の人間観」などの基層文化を受けて、⑥共同体（村落）としての近隣関係を築き上げた「互助・絆重視の文化」や、〈美即愛〉の感性

が育んだ、〈愛〉という文字を〈うつくし〉と読み、小さなもの（子
どもなど）を愛しとみる「感性・美意識」などが、日本固有の産育・
生育儀礼の背景に息づいていたからこそと考える。即ち授かった
いのちに対し、「健やかに育て」・「将来の幸せ」の願いを共有し、
様ざまな儀礼を営んでこられた背景には、根底に上述の日本固有
の精神文化が受け継がれてきたからこそといっても過言ではなか
ろう。幕末から明治初期に訪れた外国人の殆どが、日本を「子供
天国の国」と評しているのも、子どもに対する固有の伝承文化を
感じ取ったからだと推測できる。

3.　絆文化再生のための具体的方途

　地域社会の中で家族が、家族成員の一人ひとりが、孤立・孤化
の一途を辿り、遂には無縁社会・孤族の国と評される今日の風潮
からすれば、緯糸（地縁・血縁）と経糸（寺社・教育施設・福祉
施設・生産施設・公民館などそこに従事する人も含めた社会資源）
が紡いでいた地域機能（生産機能・生活扶助機能・育児知識スキ
ルの伝承機能・児童健全育成機能・地域住民見守り機能・地域文
化伝承機能・情報受信発信機能など）が崩壊し、支え合いの互助・
絆の文化は消滅しつつあるといってもよかろう。しかしながら、
「地域住民一人ひとりの自立と共生を保障する福祉コミュニティ
の創造」（大和）に向けて、包摂社会（social inclsion──すべての
人びとを孤独や孤立、排除や摩擦から援助し、社会の一員として
包み支え合う社会）構築の理念・価値・目標を共有し、汗を流す
努力（共創）をすれば、互助・絆の文化は再生できると信ずる。
　今日ほど子育て支援や障がい者・高齢者支援が、個人やボラン
ティア団体、NPOや教育・福祉施設などによって支えられてい

る時代は、過去には一度もないのである。これらの事象から互助の精神や絆の文化が未だ生きていることを窺うことができる。然しながら残念なことにはこれらの支援活動はすべて"点"であり、"点"の活動には自ずと支援内容や被支援者の範囲にも限界が生じる。したがってこれらの"点"としての支援活動を"面"にする必要がある。ただし絆の文化再生には先の包摂の理念、包摂社会構築の価値・目標の共有と共創（共に汗をかき創りあげる）の姿勢のほかに、支援活動の特化を排しての取組みが前提条件になる。拙稿『地域社会再構築の具体的方途──子育て支援特化の危うさ──』で論じたように、支援領域を特化した場合、支援者と被支援者が限定され、領域以外の人びとを傍観者──見てみぬ振り症候群──に追い遣り、地域住民一人ひとりの自立と共生を保障する福祉コミュニティの創造には程遠い危うさを生じさせる。以上の前提を条件に絆の文化再生の具体的方途を論考する。

　福祉コミュニティの創造に、国や地方自治体による支援が不可欠であること論を俟たないが、本項では先の産育・生育のあり方や、経糸と緯糸によって紡がれていた地域機能を手懸りに、地域住民相互の絆再生に絞って論考を試みる。

　産育・生育の儀礼が、授かった"いのち"に対し「健やかに育て」と「将来の幸せ」を祈念する方法として、家族だけではなく近親者や有縁の人びとを巻き込んでの絆重視の習俗であったこと、さらには地域社会が紡いだ様ざまな地域機能も、すべてが地域住民相互の絆によって成り立っていたことから、絆の文化再生の糸口が導きだされる。即ち地域社会で現に組織化されている自治・自主組織（以下、「組織体」という）の連携・協働実現のための取組みこそが"点"としての各種の支援を"面"に広げる唯一の与

件と考える。

　福祉研究のために訪れたヨーロッパ（北欧中心）における地域福祉推進のための諸機関の多さには目を見張らされたが、地域住民による組織体の調査・研究を目的としていた訳ではないので、諸外国との対比を論ずるための資料は残念ながら持ち合わせてはいない。したがって我田引水の譏りは免れ得ないが、日本の産育・生育儀礼や地域機能の多様さなどによって紡がれてきた文化同様、地域社会における組織体も自ずと異なると推測できる。その最たるものが1小学校区（基礎生活圏）における地域住民主体による組織体の多さであろう。

　基礎生活圏（小学校区）には実に様ざまな組織体がある。自治連合会（町内自治会の連合体）を初めに、学区社会福祉協議会、民生児童委員会、少年補導委員会・体育振興会・老人（高齢者）クラブ・女性会（婦人会）・青年会・子ども会・防犯協会・こども110番・消防団等々が組織化され、それぞれの組織体が主要な目的、例えば民生児童委員会は社会福祉の増進、体育振興会は健康の増進、消防団は防災防火などの活動目的に従って日々の取組みを自主的に展開している。これら組織体のほかにも、地域によっては子ども見守り隊や地域パトロール、ボランティア団体や教育ネット、NPOなど、枚挙に遑無いほど様ざまな組織体がある。

　これらの組織体はそれぞれが主要な目的にしたがって日々の活動を展開しているが、その目的を大きく捉えれば、すべての組織体の取組み内容は地域住民一人ひとりの「生存・生活の安定・安心・安全」確保のための活動であり、したがって地域住民は組織体の活動とは日常的に接点があるはずである。しかし残念なことには今日では関係者を除く多くの住民が近隣関係の希薄化など地

域社会の空洞化により、無意識的に無縁の活動と受け止めている
きらいがある。但し日本固有の「間柄主義の文化」や「共生の文
化」・「屋根の文化」が完全に消滅したわけでもなく、地域住民の
一人ひとりが意識を改革し取組めば必ずや絆の文化は再生できる
と考える。そのための与件となるものがこれらの組織体による連
携と協働であろう。

　心豊かな地域社会を形成するための重要なポイントは「自治」
と「参加」、「協働」と考えるが、問題なのは「参加」と「協働」
であろう。例えば今日、地域住民のパトロールによる安全なまち
づくり運動などが各地で取り組まれているが、組織体構成員の個
人的「参加」はあっても各組織体あげての「連携・協働」は皆無
に等しいといっても過言ではなかろう。これらの組織体の多くは
上意下達による組織ではあるが、日常的に活動が継続されている
背景には先に紹介した間柄主義・共生・屋根の文化が未だ受け継
がれているからと思量できる。自己中心的けもの以下化現象を払
拭し、あたたかな人間関係・近隣関係を回復させるためには、各
組織体の目的が既述の地域住民一人ひとりの「生存・生活の安定
・安心・安全の保障」であるということを共有し、絆の文化再生
に向けての連携・協働が不可欠であることを認識する必要がある。
つまり地域社会の再生には絆力の回復が不可欠であることをどれ
だけ声高に叫んだとしても、個人的な活動には自ずと限界があり、
共通の目的を共有する組織体が連携・協働することをもってのみ
絆力が回復し、地域住民の意識改革が可能になると考える。即ち
組織体による「参加」と「連携・協働」こそが地域住民の絆力を
高める呼び水となり、今日にみられる“点”としての組織活動を
“面”にひろげ、あたたかな地域社会、換言すれば老若男女、障

がいの有無に関係なく、すべての地域住民一人ひとりの自立と共
生が保障される地域社会が築かれるのではなかろうか。

　以上、日本固有の子育て文化のあり様を、習俗として営まれて
きた産育・生育儀礼を手懸りに、その成り立ちを精神文化との切
り結びで考察し、さらに子育て文化の再生を試みる手法として
「絆」をキーワードに、組織体の「参加」と「連携・協働」を与
件とする具体的方途を論及した。小さきものを愛しとみる遺伝子
を初め、子育てに係わる様ざまな文化は依然として日本人の心底
に受け継がれているだけに、豊かな地域社会創造の価値・目標の
共有と「絆」回復の道筋さえ見失わなければ子育て・子育ち文化
の再構築は可能と信ずる。

　次章では近現代まで受け継がれてきた日本固有の具体的な子育
て・子育ちの方法と子どもの成長発達のあり様とを切り結んで、
今後の子育て・子育ち文化再構築の方途を探ってみたい。

日本固有の育児法

　日本人は古来より"いのちの文化"や"和の文化"などのもと、濃密な親子関係や豊かな成人と子どもの交流関係を形成し生育儀礼に見られるように子どもの成長をみんなで育むという固有の子育て文化を継承してきた。一例ではあるが『万葉集』に収録されている山上憶良の「銀も金も玉も　なにせむに　優れる宝　子にしかめやも」（子等を思う歌一首　反歌　万葉集巻5　803）や清少納言の「なにもなにも　ちいさきものは　いとうつくし」（『枕草子』──「うつくしきもの」155）、後白河法皇編著による『梁塵秘抄』の「遊びをせんとや生まれけむ　戯れせんとや生まれけん　遊ぶ子どもの声聞けば　わが身さえこそ揺るがるれ」、さらには元禄時代の川柳「這えばたて　立てばあゆめの　親ごころ」（元禄5年）など多くの文献から、他国とは異なる固有の子育て文化を形成していたことが窺える。

　以上の例示から読み取れる子育て文化はわが国の文献からだけでなく、幕末から明治初期にかけて来日した多くの外国人による日本印象記ともいうべき紀行文などにも活写されている。例えばE・S・モース（アメリカ　生物学者　1838 ～ 1925年）はその

著『日本その日その日　2』¹⁾で、「世界中で日本ほど子供が親切に取扱われ、そして子供の為に深い注意が払われる国はない。ニコニコしているところから判断すると、子供達は朝から晩まで幸福であるらしい。…中略…彼等は母親か、より大きな子供の背中にくくりつけられて、とても愉快に乗り廻し、新鮮な空気を吸い、そして行われつつあるものすべてを見物する。日本は確かに児童問題を解決している。日本人の子供ほど行儀がよくて親切な子どもはいない。また日本人の母親ほど辛抱強く、愛情に富み、子どもにつくす母親はいない」と "おんぶ" による子どもの育ちの素晴らしさと、親子関係の濃密さに驚嘆し、また1878年に来日したイザベラ・バード（イギリス　旅行家　1831 ～ 1904年）も父と子の交わりの印象を『日本奥地紀行』²⁾で、「毎朝6時頃、12人か14人の男たちが低い塀の下に集まって腰を下ろしているが、みな自分の腕の中に2歳にもならぬ子どもを抱いて、かわいがったり、一緒に遊んだり、自分の子どもの体格と知恵を見せびらかしていることである。その様子から判断すると、この朝の集会では子どものことが主要な話題となっているらしい。夜となり…中略…一家団欒の中にかこまれてマロ（ふんどし）だけしかつけていない父親がその醜いが優しい顔をおとなしそうな赤ん坊の上に寄せている姿である。母親は…中略…2人の子どもを両腕に抱いている」と、父子関係の豊かさだけではなく、愛情溢れる一家団欒の家庭のあり様が日本の生活の基盤にあることを活写している。（以上、傍線は筆者による。）

　実母実父による虐待が80％を超え、人命軽視蔓延の風潮が著しい現況と上述の文献などにみられる子育て文化との落差をどのように理解すべきであろうか。上記引用の印象記は長文となった

が、日本の特徴的な子育てのあり様を探る上で、示唆に富む記述であり、子育て文化再構築の方途を探る手懸りになると思量する。何故なら1960年代初頭の頃とは急速な産業化・都市化に伴い、家族構成の縮小化や性別役割分担の進行、異年齢集団の消滅や地域社会の空洞化、過疎過密化など子どもの成長を取巻く環境が著しく変容し、今日子育ての困難性を極端に進行させており、従前通りの子育て文化を復活させるということは不可能に近い。しかしながら方法は異なろうとも豊かな家庭を築く基盤が絆重視の家族団欒にあり、その基となるものが濃密な母子・父子・きょうだい・成人とこども・地域住民との関係であり・これらの関係がどのような育児の方法によって形成されてきたのかの検証は新たな子育て文化構築のための必須の要件と考える。

　以下、一家団欒の基ともなった親子関係などの形成に大きな役割を果たしてきた育児の方法を具体的に探ってみたい。

1. 目と目を合わせ、肌を密着させ、視界を共有する子育て・子育ち文化

　来日外国人の多くが「子ども天国の国・子どもの楽園」である日本の子育て文化に驚いているが、同時に子ども自身が礼儀正しく、親切で、世間智を身につけられていることを賞賛している。これらの資質を子どもたちはどのような子育ての方法によって習得していったのであろうか。その特徴的な育児法を具体的に考究してみたい。

　欧米と日本の育児法の違いは、①俯せ寝に対する仰向け寝、②ミルクに対する母乳、③一人寝に対する川の字型寝、④ベビーカー（buggy）に対するおんぶ・肩車・抱っこなどがあるが、本

稿の目的はその差異を論ずるものではない。したがって、以下
（1）目と目を合わせ、肌を密着させる子育て・子育ち文化と、（2）
肌を密着させ、視界を共有する子育て・子育ち文化に分けて考察
する。

（1）目と目を合わせ、肌を密着させる子育て・子育ち文化

　本項の代表的な育児方は"母乳"・"抱っこ"・"川の字型寝"
であろう。

　近年、目が合わない赤ん坊が増えていることを、本稿の冒頭で
紹介したが、"目と目を合わせ"る子育ては、子どもの発達を促
すための重要な基盤形成に資する育児法である。人間の瞳に反応
し、微笑むといわれている神が授けた「無差別な社会的微笑（3
か月微笑）」に応える母親を初め、周囲の人たちによる持続的な
慈しみの働きかけで、赤ん坊は安定的な人間関係を確立させ、情
緒的に安定し愛着関係を形成する。その意味では"目と目を合わ
せ"る子育ての方法は子どもの生涯にわたる発達の基礎を育む重
要な育児法であり、不幸な子どもを生み出さないためにも再確認
しておく必要があろう。

　また、"肌を密着"させての子育ては、息づかいが感じられる
身体的接触を伴う育児法である。肌をいつも触れ合っているとい
う身体感覚は子どもに根源的な安らぎをもたらし、情緒の安定に
つながり、豊かな人間関係のもと、人として求められる慈性や感
性、心身の健全性に資すると考える。その意味では先の"目と目
を合わせる"子育て同様、今後も重要な育児法であるとの認識が
必要であろう。

① 生母による授乳

　奈良・平安時代の文献（『古事記』など）からも明らかなように、日本人は昔から授乳の方法として、乳母による授乳（貴族・武士階級）やもらい乳などが習俗として行なわれていたが、最も自然な授乳は目と目を合わせ、肌を密着させての生母による母乳であろう。

　一時期、女性の社会的自立推進の風潮と育児用粉乳の改良に伴う普及とが相俟ってミルクが流行したものの、今日では母子関係の安定化、即ち生児への根源的な安心感がもたらす情緒の安定と生母の母性愛の芽生え、両者の相互作用による母子関係の安定化と母乳の免疫性の重要性が見直されており、近年の調査データーがないものの母乳が主、ミルクが従となっていることと推測するが、今後とも授乳のあり方を単に栄養面からのみの捉え方だけではなく、子どもの育ちも含めて対応すべきと考える。特に凍結母乳にかかわる乳児保育者には特段の配慮が必要なのではなかろうか。

② 川の字型寝

　「白玉の　我が子古日は　明星の　明くる朝は　しきたえの床の辺去らず　立てれども　居れども　共に戯れ　夕星の　夕になれば　いざ寝よと　手を携わり　父母も　うえはなさがり　さきくさの　中にを寝むと　愛しく　しが語らえば……」（『万葉集』巻5・904　山上憶良）[3]

　上記は「瓜食めば　子ども思ほゆ　栗食べば　まして偲はゆ　いずくより来たりしものぞ　まなかいに　もとなかかりて　安眠しなさぬ」（子らを思う歌一首　『万葉集』巻5・802）山上憶良）

と、わが子に対する慈しみの心情を詠った山上憶良の幼い子ども
の“いのち”を奪われた親の嘆きの長歌（前半）である。

　上記の引用は子どもの可愛さや子どもへの慈しみの眼差しを論
ずるのが目的ではなく、川の字型寝が古来より一般化されていた
ことを証するためであり、したがって長歌の解釈は省略する。

　欧米の一人寝に対し、日本の場合貴族や富裕階層は兎角、肌と
肌を触れ合わせ、瞳で語らいあうという川の字型寝をもって親子
関係の濃密さを保ってきたと考える。子どもの自立を妨げるとの
理由から多くの家庭でロックできる子ども部屋が設けられ、一人
寝が増加の傾向にある現在、濃密かつ安定的な親子関係を築くた
めにも、また日本家屋の住空間（障子・襖・すり硝子など）が要
求していた行動様式も含めて子育てのあり方を再考すべきではな
かろうか。

(2) 肌を密着させ、視界を共有する子育て・子育ち文化

　本項の代表的な育児方は“おんぶ”と“肩車”であろう。今日
では殆ど“肩車”は見受けられなくなったが、両者は“抱っこ”
同様共に子ども連れの場合の運搬行動の基本形であるが、それだ
けに止まらず子どもの育ちに大きな影響力を持っていた日本固有
の子育ての方法である。即ち親子・兄姉との密着一体による視界
の共有は子どもの成長を自然体で支える学習体験である。家事に
しろ遊びにしろ一つの事柄・事象、例えば生活技術や遊びの方法
などを共視することにより自然に学習していくという有効な子育
て・子育ちの方法である。このことをドイツの世界的建築家であ
るブルーノ・タウト（1880 〜 1938年）は、著書『ニッポン』に、「母
親に背負われた幼児が…中略…母親のどんな動作も見逃さず、こ

れらの動作の意味が大して説明も要せずに自然に彼等の心に刻まれているのである。…中略…恐らくこの点に、日本の子供の物分りの好さに対する主要因が求められるであろう」と日本の子どもの物分りの好さの主因を"おんぶ"による子育て法に求め、エドウィン・アーノルド（イギリス　詩人　1832～1904年）も"おんぶ"された日本の赤ん坊を、「あらゆる事柄を目にし、農作業、凧あげ、買い物、井戸端会議、洗濯など、まわりで起こるあらゆることに参加する。彼らが4つか5つまで成長するや否や、歓びと混りあった格別の重々しさと世間智を身につけるのは、たぶんそのせいなのだ」[4]と評し、"おんぶ"による子育ちに及ぼす効用を述べている。参考までに筆者の子ども期（戦前～戦後）の状況を紹介すると、弟や妹を"おんぶ"し、家事の手伝いだけでなく遊びも背負ったままの状態であったし、特別の遊び（本将棋など）を除き弟妹に遊びのルールを説明した記憶がない。しかしながら、今日では従前の"おんぶ"と"肩車"の形は異なる。即ち従前の"おんぶ"では乳幼児の頭の位置が親・兄姉の肩より上にあり、視界の共有が可能であったが、今日の"おんぶ"では肩より下位にあり、背中によって視界が遮られている。時折見受けられる背負子での場合も目線は反対方向を向いている。

　密着一体化による視界の共有化がもたらしてきた子育て・子育ち文化が消滅しつつある昨今ではあるが、一つのものごとを共に見つめること（共視）が可能な"抱っこ"の文化だけは親子関係の安定化を図るためにも残す必要があるのではなかろうか。

　日本固有の習俗を手懸りに、産育・生育の文化を中心に概観し、通底するキーワードが家族成員・近親者・近隣者間による"絆"によることを明らかにし、無縁社会・孤族の社会の国と評される

現況を、温かな社会に再構築する具体的方途として、地域にある
様ざまな組織の連携・協働・共創が不可欠であることを提言した。
（第Ⅰ章・絆の回復）。

　第Ⅱ章では、幕末から明治初期にかけて来日した外国人の書翰
や日本の古文献などを参考に、日本固有の子育て・子育ち文化の
特質を探り、今後とも残しておくべき子育て・子育ちの基本的姿
勢、あるいは改善すべき事項についての問題点などを提起した。

　今後とも更なる木目細やかな公助の必要性はいうまでもないが、
国（幕府）や地方自治体（藩）による支援制度が不十分であった
にも拘わらず、これほど豊かな子育て・子育ち文化が築きあげら
れていたことに驚きを禁じえない。

　本稿は子育てに呻吟している人たちに、子どもを授かることの
歓びや子どもの育ちを通して体験する感動を少しでも肌で感じ
取ってほしいとの思いで筆をとった。結果的には論考の不十分さ
や我田引水の部分が多くあると思う。諸兄姉のご教導を乞う。

　次章では子どもの育ちに不可欠な「食育の哲理」を手懸りに、
共生の文化構築の方途を探ってみたい。

食育の文化

—食育の哲理…「"いのち"への畏敬の念」と「感謝の心」—

1.「食」に対する日本人の変貌

　家庭教育の目標が子どもの心身の発達を促し、人間形成の基礎をつくることにあり、その根幹に位置づけられるものが"いのちの尊厳"を体得させることにあると認識する。日常生活の中で子どもにこの"いのちの尊厳"を伝える最善の機会こそが食事を通しての食材や食事作法に係わる「食育の教育」と考えるが、今日この「食」に対する日本人の姿勢は大きく揺らぎ、豊かな自然が紡いできた「食育の哲理」を無視した危機的様相を呈してきている。即ち奈良・平安時代に形成し、20世紀に至るまで伝承されてきた日本人の食事様式の基本型、——坐食・箸・個別型（主食や副食を個人別ごとに配膳）・空間展開型（食卓の上が目に見えない境界をもち、個別型の空間に区切られている状態）[1]が1960年代後半以降著しい速度で変貌を遂げ、今日ではさらに混乱状態を加速させてきている。例えば一般家庭での坐食と卓袱台は「食」の洋風化によって殆ど姿を消しテーブルとイスに、料理をとる道具も箸に加えてナイフとフォーク、スプーンが常態化し、「食」のとり方も主食・主菜・副菜による口中調味の「三かく食べ」は、

一品（一皿）食べ終えてから次の料理へと進む「ばっかり食べ」（時系列型）へと変わり、家族団欒の「共食」の型も、ライフスタイルの変化などによって「孤食」化へ、仮に「共食」の型が残っていたとしても家族成員の一人ひとりが異なった料理をとる「バラバラ食」となり、家族・家庭のあり様に様ざまな問題を噴出させてきている。

　さらには食事中のマナーにしても、テレビを見ながら、立ったままで、歩きながら食べるなど、あるいは食前・食後の「いただきます」・「ごちそうさまでした」の誦も合掌もなく、今日の日本人の「食」に対する姿勢の混乱ぶりは目を覆うばかりである。特に憂慮すべきことは食事様式の変貌だけではなく、季節感を失った食材やレトルト食品、輸入食材の氾濫が、自然に恵まれた日本人固有の「食」に対する豊かな感性をも麻痺させ、グルメブームを助長、飽食の中の残食の多さなどは単に国内だけの問題ではなく、世界の資源問題や環境問題、飢餓問題とも関連し、この状態が続けば日本は世界の中で孤立しかねない問題を孕んでいるといえよう。

　以下、古来より伝承されてきた「食」に対する日本人の姿勢を明らかにするとともに、「共生」社会を構築するための責務について、「食育の文化」を手懸りに論究してみたい。

2.　食育の文化──「"いのち"への畏敬の念」と「感謝の心」──
(1)「食育基本法」及び「保育所保育指針」の問題点

　今日の「食」に対する日本人の姿勢が様ざまな憂慮すべき課題を噴出させてきているために、改めて伝承されてきた「食育」の文化を見直そうとの機運が高まり、2005年に「食育基本法」（以

下「基本法」という。2005.6.17公布）が制定された。即ち「食育」を知育、道徳、体育の基礎（前文）と位置づけ、特に「食育」が子どもたちの心身の成長及び人格の形成に大きな影響を及ぼすことを明文化（前文、第2条）し、家庭や学校、保育所や地域に国民運動として「食育」の推進に努める（前文、第6条）よう要請している。

　問題点の第1は、「食育」がなぜ「生きる上での基本であり、知育、道徳、体育の基礎」（前文）であるかという根拠、あるいは「心身の健康の増進と豊かな人間形成に資する」（第2条）とする根拠、さらには食育推進の目的を「現在及び将来にわたる健康で文化的な国民の生活と豊かで活力ある社会の実現に寄与する」（第1条）としているが、「食育」を推進することがなぜ「基本法」の目的を達成し得るのか、その根拠についての記述も甚だ曖昧であり、強いて探せば、「自然の恩恵や食に関わる人々の様々な活動への感謝の念」（前文、第3条）の文言が該当するのであろう。

　この「基本法」を受けての「保育所保育指針」（以下、「指針」という。2008.3.28告示）だけに、「基本法」同様、「保育所における食育は、健康な生活の基本としての基礎を培うことを目標」（第5章-3）とし、「子どもが自らの感覚や体験を通して、自然の恵みとしての食材や調理する人への感謝の気持が育つ」（第5章-3（3））ようにという抽象的な表現に終始し、子どもたちに伝えておくべき、なぜかの根拠となる具体的な内容については一切触れられていないし、むしろ感謝の意を表すべき対象が、「基本法」の「食に関わる人々の様々な活動への感謝の念」が、「指針」では「調理する人への感謝の気持」へと狭められており、後退した記述となっている感は否めない。

　その結果、「基本法」が施行（2005.7.15）された以降の食育推進の取り組みが、レシピ（食材や調理法）の紹介や料理教室の開催、魚のさばき方体験や定置網体験、メタボリックシンドローム（内臓脂肪症候群）対策などの域にとどまり、「基本法」が期待する都市と農山漁村の共生や食料自給率の向上、あるいは国際的貢献などとは程遠い状態であり、グルメブームを初め、残食問題一つにしても、残食をなくし完食を促すための取り組み、例えばメーン料理の選択方法を導入した旅館や利用客自身が選べる量り売り方式のお弁当バイキングなどが一部に見られるものの、依然として食べ物を残す、あるいは捨てるということに対しての感覚は麻痺したままで、好転の兆しすら見いだされていないのが現状ではなかろうか。様ざまな課題を改善していくためには上記の食育推進活動の基底に、自然の恩恵の意味する内容を具体的に明確にしておくことが不可欠と考える。

　いま一つの問題点は「基本法」が食育の推進に関わる国民の責務を基調としながらも、働きかける対象を子どもに特化している点である。即ち食育を推進するにあたって、国や地方自治体を初め、「食」に関連する事業者や家庭（保護者）、教育、福祉の領域に従事する者などの責務を条文化しているものの、大人自身が自らの食生活のあり様に矢を向ける姿勢は見当たらず、働きかける対象を子どもに絞っている感は否めない。確かに「子どもたちが未来や国際社会に向かってはばたく」（前文）ためには、子どもたちの育ちに食育の推進は不可欠であるが、今日の「食」に関わる混乱は大人社会がつくりあげた風潮であり、子どもたちは大人たちの食生活を見倣（みなら）っているだけといっても過言ではなかろう。むしろ大人一人ひとりが「食」に対して襟を正す責務があること

を「基本法」の中心に据えておくべきではなかろうか。

　"大人が変われば子どもは変わる"という発想は短絡すぎる考えであるとの批判があるかも知れないが、長年児童福祉の現場で「食」の大切さを訴え続けてきた関係者の一人として、声を大にして社会に発信していきたい。"大人が変われば子どもは変わる"と。大人が変わるためには自然の恩恵が意味する具体的な内容──食育の教えとは──を明らかにしておく必要がある。次節で考察してみたい。

3. 日本固有の「食育の文化」
(1)「食前・食後の偈」の意味するもの
　「箸とらば、天地御代（御世）の御恵み　父母や衆生の御恩あじわい　いただきます」

　「ごちそうさまでした」

　上記は筆者が戦時中の小学校で、昼食時（弁当）に合掌し、誦していた食前・食後の言葉（偈）である。この食前・食後の偈と姿勢は、いまこうして食事ができるのは、自然の恵み（後述）と父母を初めとする多くの人たちの労苦に感謝するという内容を示すものであるが、この偈文で注目すべき個所は、「衆生の御恩あじわい」のフレーズであろう。「食育」の教えが漠然とした自然の恵みと「食」に携わる多くの人びとに対する感謝の心だけであれば、「天地御代（御世）の御恵み」のフレーズが自然界（「天地」──宇宙の森羅万象）と人間の営み（「御代」──治世）の恵みに対し感謝の姿勢を求めており、「基本法」の「食育」が意図するところは十二分に含んでおり、このフレーズのみをもって「食育」が伝えんとする目的は完結していることになる。

　しかしながら「食育」の教えとはそんな抽象的なものではなく、もっと具体的な内容をわたくしたちに示しているはずである。その具体的な部分が「父母や衆生の御恩」であり、「あじわい」、「いただきます」と考える。つまりこのフレーズが単に「食」に関わる人びとへの感謝の姿勢を求めたものであれば具体的な「父母」同様、「衆生」を他の用語、例えば「生産に関わる人びと」でも十分に「食育」の意は通るはずである。にも拘らず仏教用語の「衆生」と表記し、「あじわい」、「いただきます」の姿勢を求めたのはなぜか。私見ではあるが、このフレーズは、「衆生」（いのちあるもの、生きとしいけるすべてのもの）に対する「御恩」（食材としていただいていること）を「あじわい」（深い意味をじっくり感じ取る、思惟する）、「いただきます」（動植物の"いのち"を「生きる根源の力」としていただく）という教えであり、自然の恵みへの感謝の根底にある「"いのち"への畏敬の念」こそが偈意であると領解できる。この「"いのち"への畏敬の念」こそが「食育」の根幹であると受け止めるべきである。

　食材として日々食している動植物、例えば牛にしろ、鮪や法蓮草にしろ、人間に食べられる、人間のためにこの地球上に存在しているものはひとつとしてなく、それぞれが固有の"いのち"を生き、子孫繁栄のために、子どもを種子を残すべく成長（生長）していく。例えば冬野菜のブロッコリーが寒さ厳しい日には花蕾を側葉が包んで守ろうとする、あるいはトマトが雨後にはじけた部分を守るために、人間が怪我部分へのばい菌の侵入を防ぐために瘡蓋をつくるのと同様に皮をはるのも、子孫（種子）を残さんがための営みであり、これら固有の"いのち"を生きる動植物に依存することをもってのみ人間は"生命"を維持し、"いのちの

歩み"を支えられているのである。

　この事実はいかなる人も否定することのできない真実の相であるが、特に縄文時代以降、豊かな自然に恵まれた日本人は人間と他の"いのち"あるものとの関係を対立するもの、あるいは人間中心・人間上位の受け止め方とは異なる、人間もその一員とする横の関係とみる"いのち観"を育んできており、この固有の"いのち観"を基底に、「"いのち"への畏敬の念」を根幹とする「食育の文化」を形成してきたと考える。即ち動植物の"いのち"を「生きる根源の力」として授かることを通して、「食」に対する謙虚な姿勢を「文化」として習得伝承してきたと推測できる。

　さらに日本の「食育の文化」が「"いのち"への畏敬の念」を根拠に形成されてきたことは、古語「いただきます」の〈いただき〉や「ごちそうさまでした」の〈ちそう〉からも窺い知ることができる。即ち古語の〈いただき〉が意味する内容は「〈大切なもの〉として崇め扱う」、あるいは「〈よいもの〉を授かる」という意[2]であり、〈大切なもの〉・〈よいもの〉とは、「生きる根源の力」としての動植物の"いのち"そのものを示しており、したがって何物にも変えがたいものであるからこそ「崇め扱い」・「授かる」という姿勢に連なると思量できるし、また〈ちそう〉も「立派な料理」・「食べもの」の意と「もてなしのために忙しく奔走する」[3]の意があり、前者の内容は食材としての動植物の"いのち"そのものと推測できるし、その"いのち"を授かったことへの「感謝の心」ともてなしのための汗の労苦に対する「感謝の心」の両意を含んだ偈と領解できる。

　仏教各宗派の食前・食後の偈文（五観など）も、動植物の"いのち"を"わがいのちの根源"としていただくに相応しい生きざ

ま、即ち生死の迷いを断つに相応しい生きかたをしているか否か
を自らに問う内容であると受け止める。即ち「食育」とは「自然
の恩恵や食に関わる人々の様ざまな活動への感謝の念」という
抽象的な押さえ方ではなく、もっと具体的に動物の"いのち"
を食材としてしか生きていくことが不可能であることを通して
「"いのち"への畏敬の念」を根拠に、動植物と食に関わるすべて
の人への「感謝の心」を明確に示す必要があろう。

　以上、食前・食後の偈文及び古語の「いただき」・「ちそう」の
意味を手懸りに、「食育」が伝えんとした具体的な内容について
考察してきたが、次項ではさらに動植物の"いのち"と「食」に
関わる多くの人びとに向きあう日本人固有の「食」に対する姿勢
について考究してみたい。

(2) 日本人固有の「食」に対する姿勢
① 文化としての食事作法

　「食育」とは、換言すれば動物的存在である「ヒト」を、固有
の自然観、いのち観、人間観に基づいた社会的存在である「人間」
に導く教えである。したがって日本人は「食」を通して様ざまな
文化を形成してきた。即ち食事時、ご飯粒一つでも残せば「目が
潰れる」と教えられ、完食があたり前であった筆者世代からみれ
ば、今日の「食」に対する日本人の姿勢は目を覆うばかりである
が、既述のように食材の一つひとつが"いのち"を生きているこ
とを、さらには「米」という文字を通して、お米の一粒一粒が食
卓にのぼるまでには「八十八」＝八十八たびの手がかかる、ある
いは88人の汗の結晶によるものであるということを、両親や祖
父母、あるいは有縁の人びとに導かれ、食事作法が文化として習

得伝承されていた。例えば一家団欒の会話は大事にされながらも、「冗舌なおしゃべり」や「ふざけながら食べる」、「茶碗や皿を箸で叩く」、あるいは地域のお祭り時などの場合は例外であったが、三度の食事では「立って食べ物を口にする」ことや「歩きながら食べる」、「手食」などが厳しく戒められ、食事時の姿勢についても動植物の"いのち"をいただくに相応しい生きいきとした姿勢、すなわち「背筋を伸ばして」を基本に、「肘をついて食べる」ことや犬喰いの姿勢、あるいは食後すぐに横になると「牛になる」と注意されてきた。即ち「牛になる」とは、食後の姿勢にまで動植物の"いのち"を授かるに相応しい態度か否かを問う厳しい食後の作法であり、牛の姿を借りた戒めと推測できるし、「好き嫌い」などは論外であった。

　文化として形成されてきたこれらの食事作法はその根底に食材としての動植物の「"いのち"への畏敬の念」があり、さらにその"いのち"を「生きる根源の力」としていただかさせてもらっていることへの「感謝の心」と「食」に関わる様ざまな人びとに対する「感謝の心」があるからこそ自然体で継承されてきたのではなかろうか。児童福祉施設が昼食やおやつを重視し、花壇だけではなく、野菜を育て、昆虫や小動物を育てているのも、子どもたちに"いのちを生きる"姿を通して、授かった"いのち"を全うするために不可欠な人間の「食」の営みを伝えんがためである。

② 文化としての日本食

　日本食の場合、「目で食べる」、「素材を生かす」、「旬を味わう」という特色があるという。今日の日本の食文化が中国を初め世界各国の影響を受け形成されてきたものであること論を俟たないが、

他文化を受け入れ日本化するという「受容と変容の文化」を特徴とする国だけに、固有の自然観や価値観、美意識などにより伝承されてきたものと考える。私見ではあるが、これらの特色は「"いのち"への畏敬の念」と「感謝の心」を基底とする「食育」の導きによる具体的な「あじわい方」であろう。即ち「目で食べる」とは、料理をする人の美意識による調理法や器へのこだわり、さらには食欲をそそる盛り付け方などからもその特色は窺い知ることができるが、むしろ日本固有の調理法や盛り付け方の根底にある、食する人一人ひとりが動植物の"いのちの歩み"に思いをめぐらし、食材の一つひとつを「あじわう」ことができるような配慮があると受け止めるべきではなかろうか。

　「素材を生かす」という特色も、「目で食べる」と同様に、動植物の"いのち"を「生きる根源の力」として食する文化を形成してきただけに、基本的には素材の一品一品の味を最大限に生かす調理が主流であるといっても過言ではなかろう。多くの合わせ味を引き出す料理があるものの、それぞれの素材が固有の味を殺されることなく自己主張できる調理が一般的な方法であろう。調味料が素材にあった方法で塩や味噌、醤油や酢を使い分けているのも素材を生かすための工夫であり、今日に見られるソースやケチャップ、マヨネーズやドレッシングを、素材の味がわからぬ程に使用する料理、食べ方とは全く異なった食文化といえるのではなかろうか。この「素材を生かす」という特色も、その根底に「"いのち"への畏敬の念」と「感謝の心」があるからこそ継承されてきた食文化と考える。

　「旬を味わう」という食文化は、豊かな自然との対話を通して育まれた固有の"いのち観"に基づく日本ならではの特色であろ

う。他国にも「旬を味わう」という文化があるとは推測できるが、日本ほど豊富な種類の山野草や魚介類を旬のものとして食している民族は極めて少数と思われる。が、肝心なことは単に種類の豊かさを競う、あるいは季節ごとに旬のものを味わうという習俗を固有の文化として標榜（ひょうぼう）するのではなく、旬のものを食するという文化の背景に、動植物の“いのち”への眼差があることをこそ認識する必要がある。即ち古代人が“いのち”を目には見えない勢いのはたらきと受け止めた“いのち観”が今日まで受け継がれ、季節季節で最も生命力が旺盛な旬の食材を、自らの「生きる根源の力」として食してきた固有の文化と考えるべきであろう。穀物とは異なり、旬の若葉や根菜にこもる精気・生命力を心身に蓄えるために、人日（じんじつ）（1月7日）に七草粥を食する習俗などはその最たるもので、長年保育園児たちに供してきたのもその意味を伝えるためである。

　食の文化、あるいは料理に関わる研究者でもない筆者だけに我田引水の譏りは免れ得ないが、「食育」の教え、文化の根底に、「“いのち”への畏敬の念」と「感謝の心」があればこそ「食」に対する姿勢も、特色も頷けるのではなかろうか。

　今日世界が抱える「食」に関連する諸課題の改善に向けて、わたくしたちは「食育」の導きと同根と考えられる「もったいないの文化」共どもに「食育の文化」を自国民だけではなく、すべての国の人びとに発信する責務がある。この発信こそが食生活を改善し、世界が抱える様ざまな課題を共有し、社会福祉の目標である「共生の文化」を築きあげる契機となるのではなかろうか。

　以下、日本固有の「食育の文化」と世界の諸課題との関係について考察する。

4.　世界の食糧（料）問題とわが国の「食育の文化」

　豊かな自然が育んだ日本固有の"自然観"や"いのち観"によって形成された「食育の文化」は、単に国内向けだけの再構築すべき課題ではなく、今日世界が抱える様ざまな憂慮すべき「食」の課題とも直結する、未来のあり様に向けての重要な文化である。例えば食糧（料）の供給課題や飢餓問題、資源の枯渇や環境問題など人類の生存にかかわる課題と関連し、社会福祉がめざす「共生」を実現するためには、日本人自らが「食」のあり様を自省し、飽食の風潮を払拭しておくことが不可欠の与件となる。

　以下課題ごとに考察する。

（1）わが国の食料自給率と「食育の文化」

　1960年にはカロリーベースで79％あったわが国の総合食料自給率が、2006年には39％まで落ち込み、先進国中最下位という最大の食料純輸入国となっている。列島の四方を海に囲まれた環境にありながら魚介類ですら50％、日本の食文化を代表する調味料（味噌・醤油）の主原料である大豆の自給率は僅か5％という最悪の状況にあり、かろうじて野菜が79％（2005年）[4]という有様である。この状況をどう受け止めるべきであろうか。

　世界の食糧問題を審議するために去る6月（2008.6.3～5）国連食糧農業機関（FAO）主催の「食糧サミット」がローマに於いて開催された。主要な議題は（1）食糧（料）輸入国に向けての輸出規制の自粛や、（2）バイオ燃料産出推進国と他国との見解の相異があからさまになったバイオ燃料の問題、さらには（3）主要穀物の国際価格の高騰や、（4）既に20か国以上の国で暴動

やデモが発生している発展途上国の食糧（料）安全保障などで、後述するわが国の飽食問題や資源の浪費などとの関係が密接な、世界の現在と未来にも関わる喫緊の課題ばかりである。

　「"いのち"への畏敬の念」を基底とする日本固有の「食育の文化」は、「もったいないの文化」や「共生の文化」とともに、バイオ燃料第2世代の開発やエコ技術・農業技術の普及、さらには日本最大の資源ともいうべき緑空間、即ち先人たちの労苦によって開発された田畑が至るところで放棄（約250万ヘクタールの水田の4割〈100万ヘクタール〉が調整、約40万ヘクタールの耕作農地が放置）[5]されている現状を変える農政の転換などの基層文化となり得る要件を備えているといっても過言ではなかろう。

　2050年には世界の人口が90億人になると推定されている今日、わたしたちは「食」に対する姿勢を正し、社会福祉の目標である「共生」を実現するために、世界に向けて「食育の文化」を発信する責務があるのではなかろうか。

(2) 飽食・飢餓問題と「食育の文化」

　前節で紹介したとおり、わが国の食料自給率が40％を切り、"いのちの歩み"を支える食料の多くを他国に依存しているにも拘らず、食料廃棄物が年間2000万トン、一般廃棄物の約30％（2001年）を占めるという。学校給食では給食に要するコストの15％から20％が中学校で、小学校でも9％が残食に相当し、結婚披露宴などでは25％の残食が廃棄[6]されているという。グルメ狂い・飽食の風潮も残食の一因と考えられるが、根本的には動植物の"いのち"を「生きる根源の力」としていただいているという継承されてきた精神性がないがしろにされてきた結果で、飽食の中での

飢餓といわれる昨今である。

　一方世界では食料不足のため1日に4万人が、年間1,500万人の人たちが餓死[7]（国連の統計によれば8億人以上が餓死に直面〈京都新聞08.6.6〉している）という悲惨な状況下にある。これらの危機的悪環境を克服するためには、自国の繁栄のみに軸足を置くのではなく、社会福祉援助活動の目標である「共生」を実現するために、既述の飽食・残食の風潮を断つとともに、最大の食料純輸入国から脱却するための緑資源（休耕田）の再生を含む農政の転換やエコ技術・農業技術の普及などの国際貢献に舵を切り直す必要があるのではなかろうか。

　日本人は対人関係を本質とする間柄主義による「共生の文化」を継承してきたはずである。世界が危機的状況にある今日、「"いのち"への畏敬の念」と「感謝の心」を基底とする「食育の文化」を手懸りに「共生の文化」を共有するための行動を早急におこすべきと考える。

(3) 資源問題と「食育の文化」

　バイオ燃料産出に伴う食糧（料）安全保障問題や様ざまな資源の枯渇など、人類の生存に不可欠な資源が世界的規模で問題になっているが、日本の場合どのような状況下にあり、「食育の文化」とどのような関係があるのか、以下「項」に分けて概観する。

① 食糧（料）の輸出入とエネルギー問題

　フードマイレージという指標がある。食料の年間総輸入量に輸送距離を乗じた数値で、わが国の場合9千億トンキロメートルという想像を絶する食材の輸入量と輸送に費やすエネルギーを他国に依存している。日本を100とした場合アメリカと韓国は

30％、フランスは10パーセント、人口1人あたりではアメリカの8倍（2001年）[8]というすさまじさである。既述のとおり日本の食料自給率は39％で、エネルギー自給率は僅か16％（2003年）[9]という状態にあり、他国からの輸入が止まった場合食料もエネルギーも危機的状況下に陥ることは必定である。

　第2世代エネルギーの早急な開発という選択肢、あるいは身土不二の教え（適地適作）を根底に据えた地産地消への転換も一つの選択肢であるが、根本的には「食」に対する姿勢の転換、即ち「食育」の導きをどのような方法で浸透させるかではなかろうか。既述のとおり「食育基本法」公布後の取り組みが、飽食や残食あるいは廃棄の風潮を払拭しきれていない、改善の兆しさえ見えない現状であるだけに、軸足を現行の推進運動の根底に「自然の恵み」という抽象的表現とは異なる具体的な内容に変える、即ち動植物の"いのち"を「いただく」ことをとおしてのみ授かった"いのち"を全うすることが可能であるという「"いのち"への畏敬の念」があることをこそ訴えるべきではなかろうか。

　「食育」を浸透させる具体的な方法として、樹木や花壇などの緑化だけではなく、成人（保護者）をも巻き込んでの菜園や果樹の植栽、あるいは小動物を育て、「いのちを生きる」を直に体験させている児童福祉施設や教育施設での実践例を検証し、全国に広げることを提起しておきたい。

② 水資源の枯渇と「食育の文化」

　水資源の枯渇問題は先に論じた食糧（料）安全保障やエネルギーの問題同様、人類の生存に直接かかわる課題であるだけに、世界人口の増大を初め地球温暖化やCO_2排出量の拡大、砂漠化や土

壌の劣化など環境汚染とも密接な関係があり各分野を総合的に検
討する必要があるが、専門外の領域でもあり「食育の文化」との
関係に絞って考察する。

　2025年には水不足人口が18億人になり、世界人口の3分の2が
日常生活に支障をきたし、人類の生存そのものが危機に陥ると推
定されている（朝日新聞07.11.7）。

　日本国内では一部少雨によって生活水までが制限される地方が
あるものの、全国民的な認識では水資源豊かな日本であるとの受
け止め方があり、「水」を際限なく浪費しているが果たして現在・
将来ともに枯渇の心配はないのであろうか。

　結論からいえば日本は水の輸入大国である。即ち穀物や肉など
の食材だけではなく、衣料などの日用品や木材など生活に不可欠
なありとあらゆるものを輸入に頼っており、食料・エネルギー同
様他国の水に依存しているのが現状である。例えば現在国内で
の水の需要量は生活用水も含めて年間800億㎥（朝日新聞〈夕〉
08.8.16）といわれているが、この数値は国内だけでの消費量で
あり、輸入農畜産物が消費する水の量は含まれていない。

　現在日本がモノとして輸入している水の99％までが輸入農産
物と畜産物の生育に費やしている量である（総合地球環境研究所）。
仮に輸入農畜産物の全てを国内で生産した場合の必要量（バー
チャルウォーター＝仮想水）は800億㎥に達すると推定され、国
内と国外での消費量を合わせると膨大な量となり、日本の他国
への水依存度が65％に達するという研究があるほどである（朝
日新聞08.6.14）。水資源の枯渇が世界的な課題となっている今日、
他国の水資源を脅かしかねないという現状は、早晩食糧（料）輸
入大国・エネルギー依存大国問題同様水資源問題の面からも世界

の中で孤立しかねない危険性がある。

　水の惑星といわれる地球の自然は先祖からの預りものであり、次世代に引き継ぐ責務がある。世界をリードしている海水の淡水化技術の更なる研究共々、節水型社会を構築するためにもグルメ志向・飽食の風潮を戒め、日本固有の「"いのち"への畏敬の念」と「感謝の心」を基底とする「食育の文化」を浸透させる具体的な方法、例えば「食と水」・「食と環境」の関係などを食育推進運動の中に位置づけ、周知徹底するプログラムを明示し、取り組む必要があろう。2025年に訪れると推定されている危機とは遥か先に遭遇する事態ではなく、僅か10数年後のことであり、社会福祉が目指す人類が「共生」できる社会を構築するための喫緊の課題と考える。

③ 地産地消問題と「食育の文化」

　先人たちから受け継いできた身土不二・適地適作の教えがある。約30年あまり貸し農園での有機栽培の経験のある筆者にとって、拠りどころとなる導きである。僅か50㎡の畑ではあるが、殆ど市販の野菜を購入する必要がないほどに様ざまな季節の野菜が生長し、旬を味わう機会に恵まれているが、片や自宅前の1000㎡あまりの耕地が約30年間ほど放置されたままである。

　先に紹介したように、食料輸入大国、エネルギー・水資源依存大国であるにも拘らず全国至るところで放棄耕作地を目にするが、ようやく農地の減少や食料自給率の低迷などを受け、農業を活性化することを目的とした農地法改正案が上程される運びとなってきた。（09.6.17改定農地法成立）農地の賃借権設定要件の緩和や農業参入の拡大など農業の規模拡大や競争力の強化を図るための

法改正と推測するが、大規模産業としての活性化だけを目的とするのではなく、中小農家の将来をも視野に入れた農業改革であるべきであろう。特に今後はさらに帰農者や新たな就農者にも目配りした農政を目指す方向も含め、地域住民の一人ひとりが地域の緑資源に目を向け、地域の活性化を担う重要な資源として位置づけた食育推進の取り組みが必要である。

　身土不二や適地適作の教えに学ぶ地産地消の取り組みは、放棄耕作地の活用に有効な道を拓くだけでなく、他国に依存する食料自給率の改善やエネルギー・水資源問題も含めて早急に普及すべき課題と考えるが、単に食料・資源問題の改善を促すだけでなく、日本人の「食」そのものに対する姿勢をも変えて、地域の活性化にも資する重要な手法であるとの認識が必要である。即ち地産地消の取り組みは、グルメ志向・飽食の風潮を払拭し、地域住民の一人ひとりが「共生」を共有・連帯できる価値と位置づけ、人間関係の希薄化に歯止めをかけ、あたたかな「間柄主義の文化」・「共生の文化」を復活させる手懸りになると考えるからである。事実ささやかな取り組みではあるが、30年あまりの有機栽培を通じて、あるいは保育園児の祖父母所有の農地300㎡あまりを借りての園児・保護者が一丸となって取り組んだ15年あまりの野菜作りを通じて、「向う三軒両隣」や「遠くの親戚より近くの他人」の諺、「世代間交流がもたらすパワー」を甦らせた経験を持つ。

　戦後、特に1960年代以降一貫して経済性や効率性、有用性や利便性ばかりを追求してきた今日、一般的には地産地消の必要性は理解できても、農地法との関係や放棄農作地の確保、就農者の生活保障など様ざまな整備すべき壁が横たわっており、即実践できる環境下にはない。しかしながら、「基本法」が施行され、わ

が国の食料自給率の低下や世界的な資源の枯渇・環境悪化がクローズアップされている今日、地産地消を実践・普及するまたとない好機と捉える必要がある。何故なら「基本法」が食育推進運動を家庭や学校、保育園や地域に要請した結果、料理教室の開設や定置網の体験学習などの域を出てはいないものの、現に地域や教育機関などが連携し、単発的な体験とはいえ様ざまな学習機会が設けられており、これらの取り組みを、「"いのち"への畏敬の念」と「感謝の心」を基底とした継続的な農作業学習に転換する好機と捉える必要がある。

　最後に筆者の経験を踏まえ、地域活性化に通じる具体的な取り組みを提起しておきたい。一つには農家との連携・協働による農作業を、年間を通じて継続的に体験学習できる機会を幼・小中学生に設ける方法である。子どもは殆ど抵抗なく土に親しむ。その特性を生かし、"いのちを生きる"農作物との対話を深めつつ「食といのち」・「食と共生」・「食と水資源」・「食と環境」などのテーマを設定し学ぶ、共生への視野を広げる人間学の基礎学習として位置づけられる取り組みである。この取り組みは子ども自身の「食」に対する感性を育むだけではなく、保護者をも巻き込み、成人の「食」に対する姿勢を改めさせ、地域活性化の基ともなる「共生の文化」を根付かせる方途と考える。

　いま一つの取り組みは団塊世代の地産地消への参加である。約750万人もの人たちの動向によっては社会のあり様が大きく変わる可能性がある。何故なら戦後の激動期に"いのち"を授かった世代とはいえ、未だ「間柄主義の文化」や「共生の文化」など地域社会の諸機能が活きていたあたたかな環境の中で子ども期を過ごしてきた世代だけに、人間関係の大切さや自然との対話の重要

性を身をもって経験しており、地産地消への参加は新たな地域文化を創造する可能性が大であるといっても過言ではなかろう。

　団塊世代の地産地消への参加は、現代の「食」に対する姿勢の改善や食料自給率・資源の枯渇化などに資するだけではなく、地域社会の活性化に大きな役割を果たす好機となり得るが、そのためには農漁畜産に参加できる条件整備が必要である。市町村民が一丸となっての廃屋の無償提供や交通手段を含めた生活環境の改善、農漁畜産技術修得のための研修システムなどを整えておくことが不可欠であり、その取り組みが結果として団塊世代の参入を促し、新たな地域文化を創造し、地域社会の活性化につながる方途と考える。

　2050年には世界人口が90億人に達すると推定されている。今後さらに医学が進み生活環境が好転すれば、世界人口が増加するだけではなく、世界のいたるところで超高齢少子社会が出現し、労働人口の減少に伴う若年労働者の負担は激増し、本論「食」に携る農漁畜産者も減少の一途を辿り、食料不足・資源の枯渇化に拍車が掛かり、世界的な紛争が頻発すること火を見るよりも明らかである。

　社会福祉が目指すすべての人一人ひとりの自立と共生を保障する社会を構築するために、日本固有の「食育」の導きを手懸りに、導きの具体的な内容を明らかにした上で、今日世界が直面している食料安全保障や資源の枯渇課題を「食育の文化」との切り結びで論及した。

　以上 “いのちの尊厳” をキーワードに、子産み・子育て・子育ちのあるべき姿を論及してきたが、次章では社会福祉援助活動の基底が一人ひとりの “いのち観”、就中対人援助活動に従事する

すべての人一人ひとりが自らの"いのちのあり様"を省察することの重要性を、社会福祉の思想との切り結びで考察する。

社会福祉援助（保育）活動の基底を"いのち観"とする根拠

―社会福祉の思想に学ぶ―

　「福祉は人なり」という。いかに社会福祉の法体系が完璧なものとなり、施設設備が整い、車の両輪としての地域（在宅）福祉と施設福祉が充実し、かつ潤沢な財が保障され、各種福祉専門職の資格制度が確立していたとしても、援助の善し悪しは"いのちの歩み"を支える環境としての"人"即ち社会福祉援助（保育）者自らの"いのち"のあり様への省察とそれに基づく豊かな人間性と厳しい倫理性（職業倫理）、高い専門性に負うといっても過言ではなかろう。社会福祉援助（保育）者とは、「"いのち"への深い思惟を大前提に、ソーシャルインクルージョンを社会福祉の基本原理と体し、すべての人一人ひとりの自己実現を支援する人権確立具現化の援助者」（大和）と考えるが、果してこの定義通りすべての社会福祉（保育）関係者に、基本的な援助（保育）活動の姿勢として認識され定着しているのであろうか。

　今日、社会福祉の援助（保育）姿勢として、利用者一人ひとりの生存生活権や人権保障、自己実現権や自己決定権の保障が厳しく論じられ、社会福祉（保育）関係者にプロとしての専門性

（competency）——専門的知識・理論（knowledge）、専門的援助技術（skills）、専門的援助姿勢・態度（judgement）——が求められてきているが、現実には社会福祉施設内で、あるいは社会福祉機関内で様ざまな虐待や放置、事務的機械的対応（援助）が生じている。確かに関係者（対人援助者）の資質の問題や職員配置基準の劣悪さ、さらには処遇（援助）困難児者の増加など様ざまな要因が考えられるが、根本的には社会福祉援助の基底に、"いのち"への援助者一人ひとりの省察が不可欠であるとの認識が欠落しているからではなかろうか。即ち援助者一人ひとりが自らの"いのち"のあり様を問うことをもってのみ他者（利用児者）の"いのち"の重さ・尊さを共有し得るにもかかわらず、自明のこととして論じてこなかったところに遠因があると考える。例えば"いのち"と"社会福祉の援助活動"とを切り結んだ論文など皆無に等しく、この領域の学習は養成校（大学や専門学校）の教育に委ねられ、必須の基礎学習としての位置づけは義務づけられていない。

　遅きに失した感は否めないものの、ようやく日本学術会議の社会科学委員会社会福祉分科会が「近未来の社会福祉教育のあり方について」の提言の中で、今日の社会福祉士養成教育偏重の風潮に警鐘を鳴らし、社会思想や社会哲学などの社会科学、生命倫理や文化人類学などの人文科学学習の重要性について論及し、新たな教育体制の構築を求めた内容を発表（2008.7.14）した。本提言はソーシャルワーカーに関わる教育体制の再構築を求めたものではあるが、ソーシャルワーカーのみならず、対人援助者のすべてに関わる必須の学びであると考える。何故なら社会福祉従事者とは従事する領域に関係なく、すべての者が対人援助者であり、

老若男女、障がいの有無に関係なく、“いのち”に向きあい、授かった“いのちの歩み”を支えることを業とする専門職であるからである。

　以下、社会福祉援助（保育）活動の基底に、対人援助者一人ひとりの“いのち”への省察が不可欠であることの根拠を、社会福祉の思想を手懸りに、「項」に分けて論証してみたい。

1.　ノーマライゼィション思想に学ぶ“いのち観”

(1)　ノーマライゼィション（normalization）思想の普遍化

　社会福祉援助活動とは、「社会的に援助を必要とする人たちだけではなく、すべての人一人ひとりが、受胎から死に至る全生涯にわたって、授かった“いのち”を全うできるように、“いのちの尊厳”を基底とする生存生活権・発達権の保障、人権擁護・自己実現を最善の利益をもって保障するための理論・制度施策・援助活動の総体」と定義（大和）づけられる。この定義づけの根拠となったのがノーマライゼーション思想の普遍化である。

　ノーマライゼーションとはデンマークの「1959年法」──『知的障がい者及びその他の発達遅滞者の福祉に関する法律』で提唱された、知的障がい者のために、可能な限りノーマルな生活状態に近い生活を創造するという考え方であり、福祉社会を目指す各国に広がった社会福祉の原理である。従来の援助活動は各国とも共通に弱者・強者の関係により、慈恵・恩恵的な色彩を色濃くもっていた。そのために対象者に対する援助活動も隔離・保護、劣等処遇が一般的な姿であった。この非人間的な援助活動がイクオリゼーション（equalization）やデモクラシー（democracy……自由・平等・博愛）、連帯の思想の広がりや深まりにより徐々に変化し、

「1959年法」に結実したと考えられる。

　このノーマライゼーションの思想を具現化するために、各国はそれぞれの社会的・経済的・文化的環境の違いの中で、脱巨大収容施設化（de-institutionalization）や分権・分散化（de-centralization）、特殊化の否定としての主流化（main-streaming）や統合化（integration）などの取組みでノーマライゼーション化を図ってきた。知的障がい者の人権確立を求める運動の原理であったノーマライゼーションの思想が、今日では一層の深まりと広がりをみせ、すべての障がいの分野に、さらには社会福祉の全分野に止まらず、老若男女・障がいの有無に関係なく、すべての人一人ひとりが家庭で、地域で、職場で、施設などで、授かった“いのち”を全うすることが可能な環境を創出する、社会変革の普遍の原理として浸透しつつある。後述のユニバーサルデザインへの広がりや地域住民一人ひとりの自立と共生が保障される福祉コミュニティ創造の思想的基盤に、さらには社会福祉援助の基本原理として浸透しつつあるソーシャルインクルージョンなどもこのノーマライゼーション思想の普遍化がもたらした成果であり、さらには一層の援助理念の深化や援助領域・対象者の拡大を促す基盤を担っていくものと推測できる。

　以下、社会福祉援助の基底を援助者一人ひとりの“いのち観”にありとする根拠を、さらにノーマライゼーション思想との直接の切り結びで考察する。

(2) ノーマライゼーション思想の根源的哲理—“いのち観”

　ノーマライゼーションとは「すべての人が、その国の文化的・宗教的・社会的枠組みの中で暮らしている生活条件、あるいはそ

の枠組みの中で目標とされている生活条件を満たしていること」
（バンク・ミケルセン）と定義づけられているように、障がいの
有無に関係なく、すべての人が「法の下の平等」と「人間として
の権利」双方の保障を重視する社会福祉援助活動展開のための目
標を示した思想である。この「平等性」と「権利性」を保障する
ための具体的方法が先に紹介した脱巨大収容施設化や統合化など
であるが、これらの取組みが社会福祉の具現化を目指す各国に受
け入れられたのは何故か。思うに従前の援助対象が各国共に極貧
や非生産者など特定の分野、少数の人びとに対する社会防衛のた
めの隔離、保護中心の対策であったものを、すべての人一人ひと
りを視野に、国や民族の違いを超えて360度転換させた背景には、
「人間としての尊厳」・「個としての尊厳」という“人間観”に基
づく思想が貫かれているからであろう。だからこそ具体的に“施
設の小規模化”や“特殊化の否定としての主流化”、あるいは“画
一的一律的集団的処遇”から“一人ひとりの課題に沿った個別的
処遇”へと援助のあり方を大きく転換させてきたと考える。では
従前の非人間的人権無視の援助のあり様を「人間としての尊厳」
と「個としての尊厳」をベースとする援助へと転換させた“人間
観”とはどのような哲理によって導きだされたのであろうか。そ
れこそがノーマライゼィションの思想を成り立たせ、普遍化させ
てきた根源的な哲理と推量する。

　すべての人一人ひとりがこの世に生を享け人生を全うする上で、
如何なる国・民族も否定することのできないノーマライゼィショ
ンの根源的な哲理とは、“いのちの尊厳”を基底とするパーソナ
リゼィション（personalization）と領解できる。つまりノーマラ
イゼィション化の具体的方法であるグループホーム化など様ざま

な取組みに通底する「人間としての尊厳」・「個人としての尊厳」とは、このパーソナリゼイションの哲理によって導きだされた理念であり、この宇宙に唯一無二・固有の"いのち"を一人ひとりが授かっていることへの眼差しを背景に、人間として、個としての存在価値を積極的に肯定した哲理といえよう。

　この"いのちの尊厳"を内容とするパーソナリゼイションが根源的な哲理として基底にあるからこそ「人間としての尊厳」・「個としての尊厳」が導きだされ、ノーマライゼーション思想の目標である「平等性」と「権利性」双方の保障が、社会的・宗教的・文化的差異を超えて、すべての国・民族に社会福祉援助の具体的取組みの原理として浸透しつつあるのではなかろうか。ここに社会福祉援助の基底に、援助者一人ひとりが自らの"いのちのあり様"を省察することが不可欠であると主張する根拠がある。

2.　マザー・テレサの導きに学ぶ"いのち観"

　社会福祉事業家であることを否定し、神の愛の宣教師のひとりであることを貫いたマザー・テレサの導きを、キリスト者でもなければスラム街に身をおいて生活を共にした経験もない筆者が、社会福祉の思想に学ぶというテーマで"いのち"と切り結ぶことに驕りとの批判、あるいは異論があるかもしれない。しかし、貧困や飢餓、疾病などと正面から向き合い、飢えた人たちへの〈食事の提供〉や親に見捨てられた子どもたちに生きる力を取り戻させる〈孤児の家〉の開設、あるいは死に瀕している人たちのための〈死を待つ人の家〉やハンセン氏病の人たちの治療と労働の場であり、家族との生活が可能となる〈平和の村〉などをシスターやボランティアたちと共創し、世界に発信し続けたマザー・テレ

サの言動を洩れ聞くたびに、児童福祉施設現場に従事するひとり
の援助者としてどれほど大きな示唆を授けられたかはかり知れな
い。

　以下、社会福祉援助活動の偉大な実践者であり先駆者でもあっ
たマザー・テレサの言動・導きを手懸りに、社会福祉援助活動の
基底が援助者一人ひとりの“いのち観”にあることを考えてみた
い。

　マザー・テレサの活動が、貧しい人たちや見捨てられている人
たちに対する限りない愛・慈しみの眼差しのもとに展開してきた
ことは先の活動例でも容易に窺い得るが、ではそれらの活動を支
える行動規範の基ともなる信念とはどのような内容に基づくもの
であったのであろうか。

　「もっとも悲しむべきことは、病めることでも貧しいことでも
なく、自分はこの世に不要な人間だと思い込むこと。現世の最大
の悪は、そういう人に対する愛が足りないこと」や「いかなる人
も存在していること自体が大切」などの導きに、マザー・テレサ
の他者に対する無辺の愛・慈しみの姿勢を見ることができるが、
では何故もっとも悲しむことが不要な人間だと思い込むことであ
り、存在していること自体が大切なのか。この導きにマザー・テ
レサの人間観が凝縮されていると推量する。即ちすべての人一人
ひとりが「神に望まれてこの世に生まれてきた生命」であり、「望
まれてこの世に生まれてきた大切な人」、即ち神に望まれて生ま
れてきた“いのち”を基底とするからこそ不要な人など一人もな
く、存在していること自体が大切であるという人間観を導きだし
ていると窺い得るし、それ故にこそ同じ“神の子であるきょうだ
い”に愛を注がないことを「最大の悪」であると言い切っている

のであろう[1)]。マザー・テレサたちの取組みが、宗教・宗派の違いを超えて世界中に根付いているのは、授かった"いのち"へのあたたかな眼差しが根底にあるからだと推測できる。

社会福祉援助の基底を"いのち観"とする仮説を、キリスト教義に疎い筆者が、マザー・テレサの言動をもって論証することには無理があり、我田引水の謗りは免れ得ないが、間柄主義の人間観のもとに育まれていた共生の文化・屋根の文化を再構築すべき示唆を得た。

3. 子どもの権利条約に学ぶ"いのち観"

子どもの権利条約（Convention on the Rights of the Child）と援助者一人ひとりの"いのち観"との関係を論ずる場合、第1部（PART Ⅰ）の条文すべてを視野に考察する必要がある。何故なら第1部の権利保障の条文は子どもの受動的権利と能動的権利の保障（生存・発達・保護・参加・特に困難な状況下の子ども）[2)]で構成されており、子どもたち一人ひとりが授かっている大切な"いのち"を守り、"いのちの歩み"を直接支えていることを業とする社会福祉援助者はすべての権利を保障する責務があると考えるからである。しかしながらすべての権利保障の内容と社会福祉援助者の"いのち観"との切り結びで論ずることは紙数の制限もあり、本稿では条約に通底する the Child の定冠詞を手懸りに考察する。

子どもの権利条約の「子ども」の表記は、一般的にとらえた a child（子ども一般）でも、複数形の children（子どもたち）でもなく、具体的に A君・B さんという特定の固体を示す表現になっていると解することができる。つまり子どもの権利条約は、

"A君　君の権利を保障する条約ですよ、Bさん　あなたの権利を保障する条約ですよ"、と受け止める必要がある。なぜなら周知の通り不定冠詞と定冠詞の用法は全く異なり、不定冠詞のa・anが不特定のあるひとつの物やひとりの人物を示す場合に使われるのに対し、定冠詞theは特定の固体を示す場合の用法で、本条約は漠然とした子ども一般ではなく、A君・Bさんという具体的な子どもであることを念頭に意図的に定冠詞を被せていると推測できる。このA君・Bさんという具体的な表現にこそ社会福祉援助活動の基底である援助者一人ひとりの"いのち観"との接点があると思量できる。

　日本語に特定の固体としての人物を示す用法があるのかどうかは浅学のため知り得ないが、筆者が屢々表記する子どもたち一人ひとりや地域住民の一人ひとり、あるいはすべての人一人ひとりの"一人ひとり"が、Childに定冠詞を被せた表現法と同一の意を示したものであり、特定の固体を示す。即ち「社会福祉というのは、社会の福祉の単なる総量をいうのではなく、そのなかでの個人の福祉が保障される姿を指すのである」[3]との福祉の思想に導かれた表現であると考えられる。

　子どもたち一人ひとりがこの宇宙に唯一無二の"固有のいのち"を授かり、その"いのちの歩み"を全うするためには、援助者は自らの"いのち観"の深まりを基底に、「人間としての尊厳」・「個としての尊厳」を行動規範に、子ども一人ひとりの権利を保障すべきと考える。そのためにこそ子ども一般という表現（a child）ではなく、特定の固体、A君・Bさんを示すthe childという表記になっていると思量できるし、このthe childいう表現に社会福祉援助の基底が援助者一人ひとりの"いのち観"の深ま

りを不可欠とする根拠がある。

4. ソーシャル　インクルージョン（social inclusion）に 学ぶ“いのち観”

　ソーシャル　インクルージョンとは、「すべての人びとを孤独や孤立、排除や摩擦から援護し、社会の一員として包み支えあうこと」を基本理念とし、社会福祉の援助対象の範囲を従来の救貧対策・防貧対策中心から、①心身の障がい・不安（社会的ストレス・アルコール依存症）、②社会的排除や摩擦（路上死・中国残留孤児・外国人）、③社会的孤立や孤独（孤独死・自殺・家庭内暴力や虐待）の人びとにまで拡大し、具体的な解決の方法として、今日的な「つながり」の再構築やすべての人びとのセーフティネットの構築を内容（「社会的援護を要する人々に対する社会福祉のあり方に関する検討会」－2000年12月8日提言）とする、社会福祉のあり様のみならず社会全体の構造をも変革させてきつつある理念に行動を伴う思想である。

　ヨーロッパから発信されたソーシャルインクルージョン（社会的包括・包摂）とは、近年の市場（競争）原理至上主義がもたらした様ざまな格差社会（差別・貧困・抑圧・排除など）を是正すべく提起された社会目標で、ソーシャルエクスクルージョン（social exclusion：社会的排除）がもたらした社会的不公平や不平等を社会連帯の中で包み支えていこうとする、インテグレーションやノーマライゼィション思想の普遍化がもたらした新たな社会福祉援助活動の行動規範を含む社会福祉の原理である。

　ソーシャルインクルージョンの原理と援助者一人ひとりの“いのち観”の関係を考察する場合の“鍵”は、「すべての人びと」

と具体的な改善方法である「つながり」と「セーフティネット」
と考える。

　今日の格差・排除社会が噴出させている様ざまな課題に対し、
フォーマルなセーフティネット、例えば子育て支援や虐待死・孤
独死、あるいは雇用不安や路上生活者たちに対するネットが、果
たして十分に機能しているか否かについて厳しく検証する必要が
あるものの、セーフティネットが有効に機能するためには人と人
の「つながり」が鍵となる。したがって以下インフォーマルな「つ
ながり」の再構築に絞って論及する。

　地域によっては未だあたたかな人間関係が結ばれているところ
があるものの、大部分の都市部では住民の多くが市場・競争原理
至上主義がもたらした人間関係の希薄化に伴い、地域の中で孤立
化・個化の一途を辿ってきている。そのために様ざまな歪みを顕
在化させ、殺伐な世相を蔓延させてきているが、フォーマルな
セーフティネットが有効に機能するか否かは、地域住民の「つな
がり」によると考える。

　豊かな自然環境に恵まれた日本人は、“自然と一体化する”・“自
然と共生する”という固有の自然観と、“いのち”を“生きる根
源の力”・“生きるための智慧”と受け止めるいのち観を育み、「つ
ながり」の基ともなる間柄主義の人間観を共有してきた。即ち欧
米の個人主義（自己中心主義・自己依拠主義・対人関係の手段視）
に対し、日本人は間柄主義（相互信頼主義・相互依存主義・対人
関係の本質視）[4]という福祉の領域でもっとも重要な相互扶助（共
助）である「つながり」を重視する人間観を形成してきた。この
固有の自然観・いのち観・人間観のもとに形成された「つながり」
の顕著な相は地域社会の構成と機能にみることができる。

地域社会は経糸と緯糸が織りなす一枚の布のようなもので、経糸の役割を担ったのがそこに従事する人を含めての教育施設や福祉施設、あるいは寺院や神社、公民館や医療機関などの社会資源で、緯糸の役割を担ったものが地縁・血縁である。これらの経糸・緯糸によって形成されていた地域社会が地域住民の生活を支えあうために数多くの地域機能を張り巡らしていた。例えば世代間交流をベースに、様ざまな機会を通して"生産機能"や"生活扶助機能"、"育児知識・スキルの世代間伝承機能"や"児童健全育成機能"、"情報受信・発信機能"や"地域文化伝承機能"、"防災・防犯機能"などで、これらの諸機能が形成された背景には地域住民相互のあたたかな「つながり」があったからこそと思量する。

　これらのあたたかな地域社会が著しく変貌しはじめたのは、1960年の「所得倍増計画」に基づく高度経済成長政策が打ちだされた以降である。つまり経済至上主義がもたらした兼業農家の激増や都市化による過疎過密化、能力の有無による人間の序列化、家族形態の変化、地縁血縁の解体などを引きおこし、結果として家族関係や近隣関係を悪化させ、従来形成されていたあたたかな「つながり」を壊滅させ今日に至っている。

　世界的規模で格差・排除社会を是正すべく発信されたソーシャルインクルージョンとは、「すべての人」一人ひとりを視野に、「人間としての尊厳」・「個としての尊厳」を保障する様ざまな「セーフティネット」を、人と人との「つながり」で構築するという思想であり、基底に"いのち観"のあることが窺い得る。したがって「つながり」を再構築するためには、すべての人一人ひとりが「いのちの尊厳」を共感・共有する土壌づくりが大前提であり、"いのち"のあり様の省察と"いのち"へのあたたかな眼差しが不可

欠であるといえよう。

5.　ユニバーサルデザインに学ぶ"いのち観"

　ユニバーサルデザインとは「老若男女、障がいの有無に関係なく、すべての人にとって使いやすい、住みやすい環境──建物・都市・製品などをデザインしていこうとする考え方。」5)（大和）で、1990年のADA（Americans with Disabilities Act：障がいをもつアメリカ人法）制定以降各国に急速に広がった概念である。即ちユニバーサルデザインとはノーマライゼイション思想の具現化を追求する過程で、1970年代中頃から取組まれはじめた障がい者のためのバリア（障壁）フリーの理念が一層の深まりと広がりをみせ、障がい者のみならず、高齢者・子ども・妊産婦・傷病者も含むすべての人を視野に、初めから障壁を排した生活空間や生活手段をデザインするという、一人ひとりの「人間としての尊厳」と「個としての尊厳」を重視する社会構築のための基本コンセプトである。

　社会福祉とは、すべての人一人ひとりが受胎から死に至る全生涯を、"いのちの尊厳"を基底に、諸権利が最善の利益をもって保障されるための理論・制度施策・援助活動の総体である。したがってこの社会福祉の思想を具現化するためには地域住民すべての人一人ひとりが地域社会のなかで、自立と共生が保障される福祉コミュニティを共創するという風土が不可欠となる。この風土づくりのキー概念が社会福祉の領域を超えた「ユニバーサルデザイン」と考える。

　従来の社会福祉援助活動がややもすると子育て支援や各種虐待防止法などにみられる領域・種別ごとに特化した取組みに終始し、

無関心・傍観者的姿勢を助長していたが、ユニバーサルデザインは"いのち"を授かり、"いのちの歩み"を全うすべきすべての人を視野に取組まれる社会福祉の援助方法であり、地域住民一人ひとりの意識改革を促し、福祉コミュニティ共創の風土づくりに資するものと確信する。

6. 保育〈所〉と保育〈園〉の違いに学ぶ"いのち観"

　本稿は保育〈所〉と保育〈園〉の表記の違いをもって社会的役割や保育内容などの優劣を論ずるものではない。共に保護者と連携し、子ども一人ひとりの"いのち"を守り、"いのちの歩み"を支えることを目的とする児童福祉施設であり、保育施設の目的と"いのち観"との切り結びを明らかにするために〈所〉と〈園〉の違いをもって論証しようとするものである。

　公設公営の保育施設が○○保育〈所〉と表記するのに対し、民設民営の殆どが○○保育〈園〉とするのは何故か。結論からいえば、前者の表記は法律に基づく用語であり、公設の施設である限り他の用語に置きかえることは「法」に基づく行政機関であることを否定することにつながる。例えば子どもたちの成育に関わる児童相談〈所〉や福祉事務〈所〉・保健〈所〉などと同様に、行政機関の1事業〈所〉の一つとして表記されているに過ぎない。一方民間保育施設の場合は、前者同様法に基づく保育施設ではあっても、単なる名称の問題としての捉え方ではなく果たすべき目的や保育内容などを重視して〈園〉という用語を選択したと推量する。以下この仮説を様々な角度から論証してみたい。

(1) 漢字そのものからの検証

　〈所〉とは、場所・開所・所長・入所・所轄・所感・所在など
の用例からも明らかなように、①ところ（居所・近所など）、②
特に設けられた場所（役所・駐在所など）、③行為や動作の内容・
目的物（所見・所得など）、④受け身ををあらわす（所相・所縁など）
場合に表記されるもので、保育〈所〉は特に設けられた場所を示
す用例であり、この漢字からは"いのち"に関わる内容を読み取
ることは殆ど不可能である。

　一方〈園〉とは、田園・菜園・庭園・遊園・動物園など、①野
菜や果樹の畑（薬園・梨園など）、②一定の区域を限ってつくっ
た庭（名園・荘園など）、③人の楽しんで集まるところ（学園・
幼稚園など）[6]からも窺い得るように殆どすべての用例が"いの
ち"に関わる。

　公設公営の児童福祉施設が法に基づく1事業所として位置づけ
表記した保育〈所〉に対し、民設民営の殆どの保育施設が敢えて
〈園〉に置きかえたのは、法令遵守の立場と"いのち"を守り"い
のちの歩み"を支える保育の目的・内容重視の姿勢の違いによる
と思量できる。

(2) 英単語そのものからの検証

　英和辞典によると、保育所〈園〉は day nursery、または
nursery school である。nursery とは（家庭の）育児室・子ども
部屋・（病院の）新生児室の他、苗床や養樹園、飼育（養殖）場
を指し、nurse は名詞では保育士や看護士などを、動詞では授乳
する・愛情を込めて抱きしめる・かわいがる・育成する・看護す
る[7]などを内容とする。この内容から nursery・nurse 共に"い

のち"に関わる単語であることは明らかであり、行政機関の1事業所としての保育〈所〉ではなく、保育の目的・保育の内容に沿った保育〈園〉と訳すべきであったと考える。

　因みに幼稚園の kinder garten の garten とは garden、即ち〈庭〉である。後述の home の名訳である家〈庭〉の〈庭〉とは、生きとしいけるすべての"いのち"あるものを育む空間であり、幼稚園の〈園〉を短絡的に模倣しての保育〈園〉とは考えられず、社会福祉の思想、保育哲学に導かれてのネーミングと理解する。

(3) 福祉施設の名称からの検証

　保育所・乳児院・児童館・児童家庭支援センターを除く他の児童福祉施設の法に基づく名称がすべて○○施設になっているにもかかわらず、法律用語そのままで表記している例を知らない。創設時からの経緯があり、○○会あるいは○○院との名称を残している例があるものの、その場合でも多くの施設が正式名称を○○会（院）○○〈園〉としている。このことからも明らかなように、保育〈園〉だけではなく、殆どの児童福祉施設が正式名称を社会福祉法人○○福祉会○○〈園〉としている。

　児童福祉施設だけではなく、高齢者施設・障がい者施設でも○○〈園〉・○○〈苑〉・○○ホームと表記している場合が多くみられる。〈苑〉は〈園〉と同義語といってもよく、〈ホーム〉も家〈庭〉と訳されているが、前項でも論じたとおり〈庭〉は、"いのちを育むところ"である。即ち home の訳語である家〈庭〉の初見は明治初期[8]と推測できるが、この訳語は旧来の家父長的家から夫婦中心の家へと、新しい価値を担って登場してきた用語で、「家族成員の生命の維持と、増殖のために必要な消費活動を営む場」[9]

を語義とする家族成員一人ひとりの "いのち" を育む家族生活に焦点を絞った熟語である。

　以上のことからも明らかなように福祉施設のすべてが、種別・領域に関係なく、授かった "いのち" を守り、"いのちの歩み" を支える場であることを認識してのネーミングであろう。社会福祉援助の基底が援助者一人ひとりの "いのち観" にありとする根拠を、施設名称の表記からも学び得る。

　近年、植物〈園〉・動物〈園〉同様、水族〈園〉と表記した施設が誕生しているが、その施設に関係するすべての人に敬意を表したい。

おわりに

　認知症高齢者の「みまもり」や子どもの「みまもり」、あるいは地域「みまもり」パトロールなど、頻繁に「みまもり」という表現を耳に目にするが、「みまもり」という表現にはどのような内容が含まれているのであろうか。社会福祉援助活動に関係する「みる」という漢字を繙（ひもと）くと、「みる」には「見」という文字だけでなく、視・観・覧・診・看などがあり、「まもる」には守・護という漢字がある。援助者に必要な「みまもる」の内容をこれらの文字から推測すると、熟〈視〉・〈観〉察し、〈覧〉察・〈診〉断し、〈看〉護・保〈護〉するという援助者の視点・姿勢が読みとれる。つまり子どもの育ちに関わる人びと間で屡々（しばしば）交わされる「"いのち" を預かり、"いのち" を育む」や「"いのち" を守り、"いのちの歩みを" 支える」ための視点で、「手を離しても目は離すな」や「援助（保育）者の位置取りが極めて重要である」との援助者の姿勢にも通じる。さらには社会福祉援助（保育）者に求められ

る豊かな人間性・厳しい倫理性（職業倫理）・高い専門性の資質を培うためにも必須の「みまもり」姿勢であり、これらすべての文字が"いのちの尊厳"のもと「人間としての尊厳」・「個としての尊厳」を保障するために欠くことのできない視点・姿勢であると愚考する。

　社会福祉の思想と先輩諸兄姉の導きを手懸かりに、社会福祉援助（保育）活動の基底が援助者一人ひとりの"いのち観"にあることを考察したが、浅学のため説得できるだけの論証には未だ遠い。諸兄姉のご叱責・ご教導を乞う。

〈資料ナンバー〉

　No.1　日本固有の子育て・子育ち文化の再構築

　No.2　日本の習俗及び来日外国人の書翰から見る
　　　　固有の子産み・子育て・子育ち文化

　No.3　食育文化の発信

　No.4　社会福祉援助(保育)活動の基底を
　　　　"いのち観"とする根拠

　No.5　地域社会再構築のための具体的方途
　　　　－子育て支援特化の危うさ－　　　（未刊）

【参考文献】
Ⅰ. 子育て・子育ち応援団の存在と消滅の危機
1) 鎌田久子他著『日本人の子産み・子育て』いま・むかし　勁草書房　2005 年
2) 福田アジオ他編　『日本民族大辞典』　吉川弘文館　1999 年
3) ブルーノ・タウト著　森　儁郎訳　『ニッポン』　講談社学術文庫　2005 年
4) 森岡清美・望月　嵩共著　『新しい家族社会学』四訂版　培風館　2000 年
5) 萩原清子著　『地域社会と福祉文化』──地域の変貌と福祉文化──　明石書店　2002 年
6) 庄司洋子他編　『福祉社会（事典)』　弘文堂　1999 年

Ⅱ. 日本人の特性と固有の文化
1) 岡村道雄著　『縄文の生活誌』改訂版　講談社　2002 年
2) 梅原　猛著　『日本人の霊性』　佼成出版社　2004 年
3) 大野　晋他編　『岩波古語辞典』補訂版　岩波書店　2002 年
4) 立川昭二著　『いのちの文化史』　新潮選書　2000 年
5) 葉室頼昭著　『神道〈いのち〉を伝える』　春秋社　2003 年
6) 浜口恵俊著　『間人主義の社会　日本』　東洋経済新報社　1988 年
7) 新村　出編　『広辞苑　第 5 版』　岩波書店　1998 年
8) 森岡清美他編　『新社会学辞典』　有斐閣　1993 年
9) 荒川幾男他編　『哲学辞典』　平凡社　1990 年
10) 芳賀　綏著　『日本人らしさの構造』　大修館書店　2004 年
11) 12) 大野　晋他編　『岩波古語辞典』補訂版　岩波書店　2002 年
13) E.S. モース著　石川欣一訳　『日本その日その日』2　平凡社　2004 年
14) 下向井龍彦著　日本の歴史 07『武士の成長と院政』　講談社　2001 年
15) 宮本常一著『イザベラ・バードの「日本奥地紀行」を読む』　平凡社　2004 年

Ⅲ. 日本の習俗及び来日外国人の書翰から見える
　　固有の子産み・子育て・子育ち文化
1) E・S・モース著　『日本その日その日』　平凡社　2004 年
2) 福田アジオ他編　『日本民族大辞典』　吉川弘文館　1999 年

3) 波平恵美子著 『いのちの文化人類学』 新潮社 1996 年
4) 前掲 『日本民族大辞典』
5) アレグサンダー・シアラス著 古川奈々子訳『こうして生まれる』
株式会社 ソニーマガジンズ 26 2002 年
6) 前掲 『日本民族大辞典』
7) 前掲 『日本民族大辞典』
8) 鎌田久子他著『日本人の子産み・子育て』いま・むかし 勁草書房
2005 年

Ⅳ. 日本固有の育児法

1) E・S・モース著 『日本その日その日』 平凡社 2004 年
2) 宮本常一著 『イザベラバードの「日本奥地紀行」を読む』 平凡社
2004 年
3) 完訳日本の古典Ⅰ 『古事記』 小学館 1986 年
4) 渡辺京二著 『逝きし世の面影』 平凡社 2007 年

Ⅴ. 食育の文化
─食育の哲理…「"いのち"への畏敬の念」と「感謝の心」─

1) 石毛 直道（著）『食卓文明論』 中公叢書 2005 年
2) 大野 晋他（編） 『岩波 古語辞典』補訂版 岩波書店 2002 年
3) 前掲 『岩波 古語辞典』補訂版
4) iMidas2007 『国際比較 日本力』別冊付録 株式会社集英社 2007 年
5) 文藝春秋（編） 『日本の論点』2009 文藝春秋 2009 年
6) 『西日本新聞』朝刊 2003 年 1 月 12 日
7) 服部 幸應（著） 『食育のすすめ』 マガジンハウス 2004 年
8) iMidas2007 『国際比較 日本力』2007 年他 株式会社集英社 2007 年
9) 前掲 ④別冊付録

Ⅵ. 社会福祉援助（保育）活動の基底を"いのち観"とする根拠
─社会福祉の思想に学ぶ─

1) 沖 守弘著 『マザー・テレサ ─あふれる愛─』 講談社 1997 年
2) 福祉士養成講座委員会 『児童福祉論』 中央法規 2007 年
3) 糸賀一雄著 『福祉の思想』 NHK ブックス 1969 年
4) 浜口恵俊著 『間人主義の社会 日本』 東洋経済 1988 年

5) 大和正克著　　『社会福祉援助の基底』　あいり出版　2006 年

6) 日本大辞典刊行会　　『日本国語大辞典』　小学館　1973 年

7) 浅野義勝編集委員代表　『アドバンスト　フェイバリット英和辞典』東
京書籍　2002 年

8) 『新聞雑誌』23 号　（1871 年）「新たに教方を創め、是を家庭に試みるに」
『手紙雑誌』18 号　「広大なるホーム」小島鳥水
　「家庭という当節殊に流行の新語は、初め誰かが英語のホームを訳し
　たのなりとか承けたはり候え共…」

9) 仲村優一・他編　『現代社会福祉事典』　全国社会福祉協議会　1989 年

◎あとがき

　福祉の "福" をも知らぬ筆者が約半世紀に及ぶ期間、福祉の領域で仕事ができたのは、京都固有の福祉文化のお陰であったと言っても過言ではない。

　京都は福祉風土豊かな都市である。平安末期から鎌倉初期にかけ戦乱に明け暮れ、かつ猫の額ほどの狭い盆地を御所が、公卿が、武士が占有し、京都の庶民の住居は "鰻の寝床" と評される空間に押し込まれていたとの説がある。が、筆者は別の見方をする。つまりこの対応の根本にあるものこそが、動乱の社会から身を守る京都人の知恵と受け止める。以下、京都の福祉風土を箇条的に紹介しておきたい。

　一つには福祉施設現場人だけの組織化だけではなく、関係部所の行政官、大学の福祉研究者と連携し、京都人の "いのち" を守り、"いのちの生き様" に寄り添った活動を展開、二つには日本の社会福祉の未来像を発信、三つには大規模施設を廃し、"フェイス・トゥ・フェイス" が可能な規模を維持。四つには後継者の育成である。これら後継者に対する先達たちによる発信事項は、全て奇跡に近い "いのちの誕生" を根本に "いのちの生き様" を伝えることを今日にも受け継がれている。

　そのような京都の福祉の風土に背を押され、また、福祉に携わる多くの方々の人垣に支えられた人生を歩むことが出来たことに感謝するばかりである。

　京都西山短期大学在任中に書き下ろした4本の論文を、退任後一本化するなどということは自分自身想像もつかず、多分書架の片隅で眠り続けるだろうことが予測されたが、最終講義という縁に恵まれ、力量不足も省みず取り組んだ。論文として上梓するにはあまりにも稚拙さばかりが目につき、お手元に届けることになったことを恥じるばかりだ。諸兄姉のお赦しとご教導を願う。

合掌

大谷大学短期大学部最終講義　講演録
児童福祉実践40年を語る

子育て・子育ち文化の再構築

2006年2月25日
大谷大学響流館メディアホール

　皆さん、こんにちは。何かうしろで映写されますと、結婚披露宴のような気がしまして、新郎の挨拶のようで、何か足元がふらついている感じなんですが。年度末を控えて、それぞれの領域でお仕事をされている方々がたくさんおられるわけですが、私の最終講義ということで足を運んでいただきまして、誠にありがたいことだと思っております。

　今、紹介がございましたように1999年4月、本学の専任教員として就任いたしました。7年間でございます。今から約20年ほど前に、本学の非常勤講師として4年ほど出講したんですが、その7年と4年を足してもわずか11年の短い期間、本学でお世話になったわけです。そういう短い期間であったにもかかわらず、本学で長年研究と教育に携わられたのち定年を迎えられた先生方と同じように、最終講義という栄に浴することができましたことを、大変ありがたく感謝申しあげます。特にこの準備をしていただいた先生方には、心からお礼を申しあげたいと思っております。

　実はそのありがたいという気持ちと同時に、戸惑いのような思

いを持っております。今申しましたように非常に短い期間、しかも多くの方がご存じのように、わたくしはいわゆる社会福祉の領域で40年有余にわたって携わってきたんですが、いわゆるどちらかというと保育というんですか、児童福祉の現場人でございます。片手間にやったつもりはありませんが、教育という場にも携わってきたんですが、今も忸怩たる思いを持っております。

　というのは、いわゆる本務というんですか、中心が福祉施設の現場でございましたので、非常勤で出講してもギリギリに入って、終わればすぐまた現場に戻るという、そういう生活をしておりましたので、果たして学生さんたちにきちっとしたものを伝えることができたのかどうなのか。特にわたくしは大学、大学院のときに専攻した科目、領域と全く違う…、今はそうは思っておりません。むしろ社会福祉の基底というんでしょうか、そういうものと連動させるということが今のわたくしにはあると思うんですが。いずれにしろ、体系的に学生さんたちに福祉のありようを伝えきれていたのかどうなのか。そういう忸怩たる思いも持っているわけでございます。

　この40年の間、社会福祉の現場は確かにさまざまな波を被ってまいりました。例えば、戦後の福祉というんですか、ひと言でいえば、戦後処理的な福祉から新たな福祉への転換期、あるいは、来る21世紀に向けての新しい枠組みをつくらなければならない、そういうことだとか。大きな波、小さな波、幾度も経験をしてきて、その都度対処、対応してきた思いがあります。その間、小さな論文ですけど、必要に迫られて小論文等を発表したりしてきたんですが、研究者のように自分のライフワークとして、テーマを

定めて研究をしてきたという経験は皆無でございます。そういう
意味からいくと、伝統ある大谷大学の最終講義に汚点を残すので
はないかなという危惧を持っているわけでございます。

　話を進めていく上で、ひとつお願いといいますか、お許しをい
ただきたいのですが。伝統ある最終講義の中身を少し広げていた
だいて、雑談といいますか、そんなところでお許しをいただけな
いかなというふうに思っております。

　既に今日は大変大層な、「子育て・子育ち文化の再構築」とい
うテーマを設定させてもらっているんですが、実はご存じのよう
にわたくしは文化論を専門とする研究者でもありませんし、まし
てや、これから地域社会のありようを通して、子育て・子育ち
文化を再構築する必要があるだろうと思っておりますが、今言
いましたように、地域福祉論を専門とする人間でもございません
し、ましてや "いのち観" を語られるような研鑽（けんさん）をした人間でも
ございません。そういう意味では我田引水と申しますか、独りよ
がりの受け止め方があり、譏りを免れ得ないだろうなというふう
に思っておりますが、ひとつ、その点もお許しいただいて、話を
進めさせていただきたいと思っております。

いま生きていること、いまここに存在していることの不思議

　「はじめに」というところの、「いま生きていること、いまここ
に存在していることの不思議」というのは、わたくしの社会福祉
に向き合う原点だと、自分自身で思っております。というのは、
戦前・戦中・戦後の激動期に、わたくしはいわゆる子ども期を過
ごした一人の人間なのですが、このときのことを顧みると、よく
ぞ "いのち" を永らえてきたなと思っております。いわゆる、わ

たくしの今の社会福祉の援助の原点がこの時期にあるし、さらには小中学校、大学時代にあるだろうということで、このことについて、少し私情に流れるかもわかりませんが、話をさせてもらいたいと思います。

　ただ残念ながら、戦前・戦中の一時期までの記憶、いわゆる実体験的な記憶というのは全くございません。ないというよりも、「消されてしまった」というふうに自分自身では思っております。疎開を国東半島の方にしたのですが、その国東半島へ疎開するまでの日々の記憶というのは、ちょうど写真の1コマ1コマみたいな形でしか残っていないのです。したがって、今からお話をさせてもらう中身というのは、母親だとかいろんな方に聞かされて、「あ、そうだったんだ」という思いしかございません。

　どういう写真のコマかといいますと、例えば、わたくしは子ども期は博多で育ったんですが、毎日のように空襲だったのです。だから、記憶しているのは、防空壕の中へ入って息をひそめている自分と家族。あるいは、焼夷弾が毎日のように落ちてくるのです。地上はもう火の海ですし、その地上の明かりを空が受けて、地上も空も真っ赤の中を逃げ惑ったコマだとか。あるいは、B29というのはご存知ない方もおられると思うんですけれども、その当時最大の巨大な爆撃機ですが。ちょうどその爆撃機を、地上からサーチライトで捉えているんです。捉えているけど、地上から打ち上げた砲弾がB29の下の方で炸裂している。全く届かないんです。その中を悠々と飛んで爆弾をどんどん落としていく、そういうコマだとか。あるいは、これは九州電力だったと思うんですけれども、3階建ての木造建築なんですが、それが炎に包まれて、そのまま私の目の前で崩れ落ちている、そういうさまだと

か。いろんなことがあるんですけれど、そういう体験をしてきているんです。だから、とてつもない悲惨な状況の中で生き永らえてきたといいますか、"いのち"を保つことができたというのは、これが本当に不思議でしようがないんです。

　さらに博多から小倉のほうへ疎開をしました。そのときは、母方の両親が小倉に住んでいましたので、親類がいる所がいいだろうということで行ったんですが、疎開をしたのですが、実は小倉も兵器廠がございまして、そこでも毎日のように、空襲に遭いました。長崎に落ちた原爆が、本当は当初は小倉に落とすという、そういうことをあとで聞いたのですが。もしそのまま小倉に残っていたら、多分被曝をして、わたくしは"いのち"を失ったんじゃないかというふうに思っております。そういう意味でいきますと、今ここの壇上で話をしている、そのこと自体が不思議でしょうがない。"いのち"というものの不思議さというんですか、そんなことを感じております。

　そういう自分の原体験みたいなものでの"いのち"との巡り合いがあるのですが、こうして生き残ったということは、空襲から逃れられたということだけではないのです。疎開をしたときに、もう食べるものもございませんでした。母親が持っていた着物、あるいは持物というものは全部食べものに変わりましたし、それから博多に戻った時には家具一切がもうなくなっていた。借家だったんですが、家具一切もない。まさに無一文無一物という、そんな生活でございました。したがって、わたくしはまだ小学校の低学年だったんですが、家族全員で内職をして"いのち"を永らえてきたというふうに思っております。

　というのは、食べる物というのは、サツマイモとか、そのサツ

マイモのつるとか、あるいはカボチャ。そうですね、一番まずかったというか、思い出すのは大豆の油を絞り取った大豆かす。あるいは牛とか馬の飼料だったと思うんですけれど、コーリャンです。真っ赤な、お米が一つも入っていないんです。コーリャン飯というんですが、パサパサのコーリャン飯。そういう食べ物を食して生きてきたと思うんです。それ一つにしても、わたくしたちがそれを生産する能力があったわけではございませんので、長男が14歳、そして1番下の弟が3歳。6人のきょうだいを母親の手一つで育ててくれていましたので、小さいときからいろいろな内職をしながら生きてきた人間なんです。

　今考えますと、母親の力だけで、あるいは小さなわたくしたちだけの力で生きてこられたというふうには思わないです。あまりこういう話をしたことないんですが、今は死語になっていますが、いわゆる「向こう三軒両隣」だとか、あるいは「遠くの親戚よりも近くの他人」という言葉が生きていた時代。つまり地域社会が生きていた、そのおかげでわたくしはこうして今ここに立っているんだろうなというふうに思います。そのことは同時に、極貧の生活でございましたので、中学1年の4月から高校を卒業する3月までの6年間、新聞配達を朝夕したんです。朝刊と夕刊なんですが。そしてその昼間、日曜日は新聞代の集金だとか。その当時、ぽつぽつ週刊誌とか月刊誌が出るようになっていましたので、それを販売する。新聞配達をしている中で、地域の方たちが、わたくしのためにおやつを準備してくれている。あるいは、事件があると新聞が、夕刊が非常に遅くなるんですが、そのときにはいわゆる軽い夕食というんですか、そんな物を準備をしてくれて、待っていてくれる。そういう温かな人間関係の中で生きてこられ

たな、というふうに思います。今は、それはどうなんでしょうという
ことを、特に訴えたいわけですが。

　そういう中で生活をしておりましたが、どうしても学びたいこ
とがあって大学に来たんですが、自分でいわゆる生活費と学費を
出さなければならない。まあお金も何もないわけですから、毎日
バイトをしていたのです。そういう食べる物もない、そうです
ね、あの当時一山100円だったと思うんですが、一山100円のト
マトで1週間過ごしてみたりとか、一斤の食パンを水でもって膨
らませながら学生時代を過ごした人間なんです。そういう勉強も
しないけど、栄養失調になったらということのご心配をいただい
たのが、龍谷大学の元総務局長の、今日もお見えいただいている
んですが原田先生です。京都コンソーシアムの初代事務局長をさ
れた原田先生でございます。その先生が、そういう生活を見かね
て、わたくしにこれは前例のない人事だったと思うのですが、学
生寮の世話係に抜擢というんですか、推薦をしていただいて、そ
れでようやく3度の飯が食べられるようになった。そういう生活
をずっとしてきたわけです。そのおかげで大学院へ行くこともで
きましたし、その院の時代に、山ノ内母子寮が児童指導員を求め
ているということで、原田先生から推薦をしていただいて、これ
が縁で40有余年にわたって福祉の領域で仕事をすることになっ
たわけでございます。そういうことでいいますと、本当に今、自
分がここに存在していること、あるいは生きているということが
不思議でしようがないということを思います。

　それから、山ノ内母子寮という所に就職をしたんですが、その
お母さんたち、子どもたちというのは、ほとんどが生き死にを経
験されている。もっと別の言い方をすると、生き死にと対面しな

がら生きておられる方たちが、非常に多かったんです。わたくしが母子寮の児童指導員として就任した時には、まだ戦争によって母子家庭になった方がたくさんおられました。そのほか、少しずつ産業が盛んになってきますと、今度は産業公害によって夫、父親を亡くした母と子の世帯。あるいは貧困のために無理心中、我が子を一緒に道連れにして心中をしようという、そういう切羽詰まったところまでいきながら、子どもの、赤ん坊の笑顔で我にかえって母子寮へ駆け込んで来られた方。そんな方が非常に多く、いつも死との対面、"いのち"との対面をずっとされてきた方たちとの対話。そういう中で、仕事をしてきましたので、特に先ほど言いました戦前・戦中・戦後の実体験としての"いのち"との対話が、仕事の上でもわたくしの中でどんどん膨らんでいったというふうに思っております。

社会福祉援助活動の基底　——"いのち観"——

　そういうことを経験してきた中で、わたくしはこういうふうに考えたんです。いわゆる哲学だとか宗教だとかで"いのち"というものを勉強するということも大切だが、一人ひとりがもう一度、"いのち"のありようというものを見つめる必要がある。特に社会福祉援助者というのは、常に自らの"いのち"のありようと対面をする、そういうことが必要ではないだろうか。そのことを通して、他者の"いのち"のありよう、もっと言うなら"いのち"のはかなさだとか、もろさだとか、強さだとか、素晴らしさだとか、そういうものがわかるのではないだろうか。ただ単に、机上の論理だけで"いのち"を見つめるのではなくて、自分自身の"いのち"のありようを見つめていく必要があるのではないかと

いうふうに、子どもたち、あるいはお母さんたち、あるいは地域の方たちから導かれて、自分自身の"いのち"を見つめるような縁を結んでいただいたなというふうに思っております。

　「それでは大和、おまえの"いのち観"は、おまえは"いのち"をどういうふうに見ているんだ」と問われますと、ここに「社会福祉援助活動の基底――"いのち観"」というところで書いているんですが、

　　　無限の裾野をもつ"いのち"のピラミッド
　　　その頂点に屹立する唯一無二のいのち
　　　悠久の時を受けて現在（いま）あり
　　　現在（いま）の生きざま　未来（あした）を拓く
　　　過去・現在・未来を貫く　固有のいのち
　　　それがわたくし　わたくしのいのち

であるというふうに今は領解しております。

　まだまだ見つめ方が足らないとは思うのですが、こういうふうに抑えることができたのには、いくつかの背景がございます。一つは、いわゆる"いのちの誕生"と申しますか、わかり切ったことですが、わたくしがここに現在（いま）、存在しているということは、両親によって"いのち"を授かったんです。その両親も、その両親によって授かってきた。これが"いのち"だろうと思うのですが。地球上に生命が誕生したのは、いわゆる38億年前とか、40億年前だということをよく言われるんですが、40億年前から、今のわたくしを見るのではなくて、わたくしの方から"いのち"の根源をたずねていく。それは可能だろうと思います。そうしま

すと、わたくしがここに存在しているということは、そのわたくしの源をたずねたときが、何億年前か何十億年前なのかはわかりませんが、少なくともとてつもない"いのち"の受け継ぎによって、わたくし自身が今ここにいるのではないだろうかということを思うわけです。

　それでは、親から、先祖から貰った"いのち"が大和の"いのち"を成り立たせているのかといえば、それだけでもないんです。わたくしたちは"いのち"を頂戴する。つまり食をとらなかったら生きていけないわけです。その「食」というものはホウレンソウであれ、豚であれ、マグロであれ、すべてが"いのち"あるものなんです。その"いのち"を頂戴して、わたくしたちは生きているわけですが、これが東洋というんですか、日本人のものの考え方と欧米のものの考え方が違う点だろうと思うんですが。いわゆる欧米の人間と生きものの関係というのは、縦の関係だと思うんです。いわゆる人間が上位にあって、動植物というのは下位にあるという、人間上位のものの考え方だろうと思います。それに対して東洋、特に日本人というのは横の関係で見ていると思います。

　ということは、いわゆるホウレンソウであれ、マグロであれ、人間に食べられるために存在しているわけではないわけです。それぞれが固有の"いのち"を持っているわけです。そうなるとそれぞれが"いのち"というものの重さを持って、この世に生を受けているということですから、東洋、日本のものの考え方と欧米のものの考え方に大きな違いがあるだろうと思うのは、一つには例えば、狐を神様として祀る。あるいは蛇を、あるいは狸を云々というのは、おそらくないんじゃないかな。ということは、"い

のち"あるものという形で全てを見ていく。例えば、樹木であっても巨大な樹木には必ずしめ縄を締めて、いわゆる手を合わせる対象にしていく。あるいは狐を祀る所であっても手を合わせていく。これは西洋にはないんじゃないかな。いわゆる横の見方をするのが、日本人じゃないかなというふうに思っております。

　そういうことから考えますと、「食べる」ということは、私たちは日常的に食前には手を合わせて「いただきます」あるいは、食後は必ず手を合わせて「ご馳走さま」ということをやるわけですが、今の人たちは、もうそういうことすら非常に薄れてきていると思うんですが。

　この手を合わせるということは、わたくしは「食」というところから押さえれば、二つの大きな意味があると思っています。一つは、自分の食べ物として目の前に出てくるまでに、どれほど多くの人の汗、ご労苦があるかということです。その方たちに対する感謝の念、さらには自然の恵みに対する感謝の念、これが一つには「いただきます」という言葉の中にあるだろうと思うんです。

　もう一つ大事なことがあるんです。先ほど言いましたように、"いのち"という物をいただくということは、例えば、豚なら豚の"いのち"をわたくしの"いのち"として頂戴するという、いわゆる"いのち"への畏敬の念というんですか、そういうものが、この「いただきます」であり、「ご馳走さま」だろうと思います。

　そういうことからいくと、わたくしたちは子どもの頃にこういうことをよく言われました。「1粒のお米も残してはならない」。それは、その"いのち"を大切にしていくということだろうと思います。だから、「1粒でも残したら目がつぶれるよ」とか、あるいは「ご飯を食べ終わったあとに寝ころんだりすると、牛に

なるよ」とか。あるいは立ち食べ、歩き食べというのは絶対にしてはいけないんだということは、その根底にそれぞれの動植物の"いのち"を、わが"いのち"として頂戴していく、そういうことに対する畏敬の念、それが、そういう食のマナーに出ていたのではないかなと思ったりもしております。そういう"いのち"が、無限の"いのち"が、わたくし自身を今ここに支えている。わたくし自身が、その頂点に屹立しているといいますか、そういう存在なんだなというふうに思っております。

　もう一つは、ご存知の方は多いと思いますけれど、わたくしは長年、貸し農園を借りて野菜を作っているんです。野菜を栽培するということは、土と水と太陽があれば…、そんなことないのです。それだけでは、野菜というのは育たないんです。いわゆる水でも、雨が降ってくれなかったら、駄目なんです。なんぼ井戸水で、あるいは水道水で水を畑に撒いたって全く駄目なんです。あるいは、太陽が東から西へ沈む。これは地球が回っていることなんですけど、まんべんなく照らしてくれるから野菜は育っていくんです。土も同じことなんです。土さえあれば何でも育つというものではないんです。土にもいろいろありますし、石ころも必要なんです。いろんな物があって初めて野菜は育っていくんです。人間も同じことだと思います。風がなかったら野菜は、育たないんです。ミミズもいなければ駄目なんです。あるいは、蝶々も蜂も、いろんな虫がいて、初めて野菜が育っていくんです。

　そうすると、宇宙の森羅万象が我々を生み出す、我々に"いのち"を授けてくれる母なる胎、いわゆる母胎だというふうに考えることができるんじゃないかなというふうに思ったりもしております。

　さらには、38億年ということを言いましたけど、その38億年、40億年を、仮に1ｍの長さに置き換えたときに、今、わたくしたちは人生80年とか、あるいはもうすぐ100年になるだろうとか、いろんなことを言われていますけど、40億年を1ｍに置き換えたときに、わたくしたちのこの世における生というのは、針の先で突いたようなものだと思います。見えないような存在だというふうに思っております。となると、なおのこと、この世に生を授かったことの大切さ、そして、“いのち”を育んでいくことの責任、そんなものを感じているわけなんです。自分の授かった“いのち”を全うする。そういう生き方をすべきであろうし、社会福祉の援助というのは、それぞれが宇宙にたった一つのかけがえのない“いのち”を授かっている。その人たち一人ひとりが、“いのち”を全うできるような、そういう援助をしていくべきではないだろうかなと思っています。

　そういうことから考えると、社会福祉の援助の基底として、わたくしは一人ひとりが、どういう“いのち観”を持つかということになろうかと思うんですが、残念ながら今の社会福祉の研究書を見ても、ほとんどそのことには触れておられないと思います。勉強不足かもわかりませんが、ほとんど触れられていないんじゃないかなと思います。

　だけど現実には、“いのち”というものが基底にあるはずなんです。ただ自明のこととして問われていないだけだというふうにわたくしは思っています。“いのち”が、社会福祉援助の基底にあるということが、具体的にどういうところで出てきているかということを、次にノーマライゼーションのパーソナリゼーションだとか、いろんなことを書いているのですが、時間がありません

ので、最後の保育園と保育所の違いだけを申しあげておきたいと思うのです。

　これは、仮に保育園という施設を対象にしていますけれども、児童養護施設であろうと、高齢者施設であろうと同じことだと思います。保育所が悪いとか、保育園がいいということを言うつもりはございません。「園」という漢字と「所」という漢字というのは、大きな違いがあるということです。「園」というのは、"いのち"を育む空間ということです。「所」というのは、これは法律用語なんです。法律用語だから公立は〇〇市立保育所というんです。だから、どちらが悪いとかいうことじゃないんです。

　"いのち"を育むというところで押さえていくから、保育園。ということはどういうことかというと、身近なものとしては、「動物所」とは言わない。あるいは、「植物所」とは言いません。「墓所」という言葉が時々使われていますけど、わたくしはあれは用法の間違いだろう、むしろ「墓苑（園）」だと思います。草冠の「苑」を使われているところがありますが。動物「園」なんです。植物「園」、墓「園」（苑）なんです。

　だから、京都でも児童養護施設、今日もお見えいただく予定なんですが、「積慶園」なんです。そこにおられる「つばさ園」なんです。そういう深い意味を、わたくしは、社会福祉施設というのは持っているだろうと。これは、障害者福祉施設も高齢者福祉施設も児童福祉施設も、全部同じことだと思います。

　そういうことからいくと、英語で保育園というのは、デイ・ナースリーというんですが、ナースリーのナースというのは、看護婦のナースです。これは、やっぱり育むとか、養うとか、看護婦の看です。見守るとか、そういう意味なんです。だから「所」じゃ

ないんです。デイ・ナースリーのナース。さらには、キンダル・ガルテンです。これも、ガルテンというのは、ガーデンのこと、庭なんです。さらにデイ・ナースリーを保育所と訳したのは失敗だと思うんですけど、いわゆるホームを家庭と訳したのは、これは素晴らしい名訳だと思っています。「庭」という字。まさに "いのち" を育むところ。これが、わたくしは家庭だろうと思います。

　そういうことを考えると、社会福祉施設の援助の基底には、必ず "いのち" というものをどう見るか、その "いのち" をどうやって支えていくのかというのが、わたくしは社会福祉の援助の基底としてあるのではないかなというふうに思っております。

社会福祉（児童福祉）の援助活動と "いのち" の文化

　そういうことから、わたくしはこの「社会福祉とは」ということで自分なりに定義づけをしているんですが、「社会福祉とは、社会的に援助を必要とする人たちだけではなく、すべての人一人ひとりが、受胎から死に至る全生涯にわたって "いのち" を全うできるよう、"いのち" の尊厳を基底とする生存生活権、発達権、自己実現権の保障のための理論、制度施策、援助活動の総体である」というふうに、わたくしは押さえておるんですが。よく社会福祉の援助を考えるときに、イギリスなんかがそうですが、「ゆりかごから墓場まで」。わたくしは受胎からだと思っています。

　ここに、今日おみえいただいている先生方の半数近くが、多分、生まれたときに1歳だったと思うんです。半数以下の人は、多分0歳だと思います。こんなのおかしいんです。この世にオギャーと生まれてきた子が、なぜゼロなんでしょう。わたくしは1歳なんです。生まれてきたときに1歳なんです。これは、韓国も同じ

ような「数え年」という、一つの文化を持っていると思いますので、多分、仏教がその根源にあるのではないかなと思うんですが、日本人の"いのち観"、自然観が抵抗なく受け入れたと思います。

　わたくしたちは、生まれたときに1歳ということは、"いのちの誕生"を受胎をもって見ているということがあると思います。勝手な解釈かもしれませんが、わたくしはそうだと思っています。受胎をしたところが"いのち"の誕生というふうに押さえておくべき文化を、わたくしたちは持っていたと思います。これが、今の満年齢になったのは、昭和26年なんです。だから、26年前に生まれた方は、全員が1歳として生まれてこられたはずなんです。今でもその文化が残ってるのは、いわゆる亡くなったときに享年という。そのときには、必ず満年齢より1歳多いはずなんです。わたくしの見間違い、聞き違いであれば別ですけど、たぶん1歳足されているはずなんです。ということは、今でも受胎をもって"いのちの誕生"と見る文化が残っているということを、知っておくべきじゃないかと思います。

　それから、こういうことを言います。「子どもは授かりものだ」。もう今はそうじゃないですね。「子どもができた」「子どもを生んだ」「子どもをつくる」。わたくしはとんでもない考え方だと思います。最近は「できちゃった婚」ですか、まあそれはちょっときつすぎるというので、最近は「おめでた婚」だとかという言い方をされているようですけど。わたくしは、「子は授かりもの」というのは、想像を絶する奇跡的な縁の結び合いということの意味を含んでいるのではないかなと思います。これは科学的に証明するとか云々ということは、まず不可能だと思います。けれども、さまざまな縁が結びあって初めて、この世に生を受けている。だ

から、仏教でこういうことをいいます。「人身（にんじん）受けがたし」。まさにそのことを言っているのではないかなと思ったりもします。

　それからこういう言葉が今も生きていますが、多分その内容は今の若い人たちはわからないと思うんですけど。死んだときに言います。「息を引き取る」。死んだときに言われる言葉、「引き取る」はもとに戻るということなんです。だから、死んだらなくなるんじゃなくて、日本の "いのち" の文化の中には、もとの所に戻る、還る、そういう意味を持っています。いわゆる "生命" と "いのち" というものを比較したときに、「永遠性と有限性」だとか、あるいは「閉鎖性と開放性」とか、いろんな分け方をされるんですけど、これはそう簡単に分けられるものではないと思いますけど。"いのち" というものの永遠性を自分の文化として持っているのが、日本人だろうなというふうに思います。そういう文化があったにもかかわらず、そういうものはどんどん消えていった。今、大変な時代を迎えています。

　どういうことかといいますと、いわゆる堕胎の問題です。"いのち" を授かっていながらも堕胎をする。届け出た堕胎が大体年間30万ほどなんです。無届けで、つまり闇から闇へ葬られているということですが、それが、その3倍ぐらいあるんです。ということは、100数拾万の "いのち" が、授かりながら闇から闇へ葬られているということです。2004年の子どもの出生数は111万人です。だから、それよりもはるかに多い "いのち" が闇から闇へ葬られている。「いや大和、そんなこと言うけど、間引きをしているじゃないか。子殺しをしているじゃないか」。これは日本だけじゃないです。どこの国も貧しい間はあったんです。だ

けど根底に“いのち”というものを非常に大切にした国が、日本じゃないかなと思います。そうするとまたすぐ反論が出てきます。「切腹をするじゃないか」。そんなことじゃないんです。“いのち”というものを非常に大事にした民族。それが、わたくしは日本人だろうと思っています。

　残念ながら今はその“いのち”を軽視する、そういう風潮が蔓延しているのではないでしょうか。なんとしてもこれに歯止めをかける。わたくしは従来のすべての文化が良かったと言うつもりはありません。やはり是正していくべきものもたくさんあると思います。けれども、戦後に日本が、いわゆる縄文期からずっと培ってきた素晴らしい文化を、すべて悪しきものとして、古いものとして切り捨ててきた、そういうところに今の混乱があるのではないかな、というふうに思ったりしています。

　その最たるものが、いわゆる経済立国だろうと思います。経済立国ということは競争社会なんです。競争社会ということは、人間を評価するのに必ず能力があるかないか、それで序列化をしてしまいます。あるいは、後ほど触れますけど、自然の中で豊かにさまざまな良き文化を育んできたものを、経済立国というのはどんどん破壊をしてきている。競争社会です。経済立国を100％否定するつもりはありませんが、経済性とか効率性とか、あるいは有用性とか、そういうことばっかりに終始してしまった。

　こういうことを外国の学者が言っているんです。「日本の家屋は子どもの目線で建てられている。欧米の家は大人の目線で建てられる」、そうだと思います。私たちは家の中で、路地であろうと、どこであろうと遊び回ったものです。それは遊び空間が豊かにあったということの裏返しではないかなと思います。

　そういうことからいうと、文化というものを大切にしていく、
よりよい文化に育て上げていくということが必要だろうと思いま
すが、そのときの一つのサゼスションを与えてくれるのが、レ
ジュメのノーマライゼーションということです。「ノーマライ
ゼーション思想の普遍化」という小柱で紹介しているデンマーク
のバンク・ミケルセンが定義づけをしている部分ですが、いろん
な定義づけがございます。だけど、このノーマライゼーションと
いうのは、知的障害者の方たちが人間らしく生きていく、それが
社会福祉の目標だということで、1959年法、その前に既にバン
ク・ミケルセンと知的障害者の親の会との取り組みの中で出てき
た考え方ですけど。彼はこういうふうに定義づけをしているので
す。「全ての人が、その国の文化的、宗教的社会的枠組みの中で
暮らしている生活条件、あるいはその枠組みの中で、目標とされ
ている生活条件を満たしていること」。ここへわたくしは、大変
口はばったいことを言わせてもらうなら、「全ての人が」という
所と「その国」という所の間に、「"いのち"の尊厳を基底とした、
その国の文化的、宗教的、社会的枠組み」というふうにすべきだ
ろうと思っております。
　そういう意味では、わたくしたちは自然に恵まれて本当に豊か
な文化を創造してきた。これは、まさに自然の恵みだと思ってお
ります。そういう豊かな自然の中で育ってきた人間と、いわゆる
厳しい自然の中で育ってきた文化は、自ずと違います。当然、そ
こでは根底として、人間観の違いがあるわけです。これを大阪大
学の浜口先生が、明確に論文で発表されているんですが、人間観
の違いとして欧米人の人間観というのは個人主義、それに対して
日本人は間柄主義なんだと。これは自然が育んだ人間観だと思

います。中身を言いますと、自己中心主義に対して相互信頼主義。自己依存主義に対して相互依存主義。対人関係を手段と見るのか、対人関係こそが本質と見るのか。これだけの違いがあるんです。

　残念ながら今はこういうことではなくて、ほとんどが間違った個人主義。個人主義ということで言っていますが、これは欧米の人間観が悪くて、日本の人間観が優れているということで言っているわけではございません。それぞれの風土の違いがあるわけですから、当然その人間観が変わって当たり前のことなんです。だけど、戦後一貫してわたくしたちは欧米化されてきた。ここにやはり問題があるだろうと思います。もう一度原点に戻って、日本の文化…、先ほどバンク・ミケルセンの定義を紹介しましたけど、「その国の」ということです。だから、日本には日本の文化的、宗教的、社会的枠組み、中国には中国の文化がある。だから中国の云々、アメリカの云々であって当たり前なんです。これから先、おそらく世界全体がボーダーレス化をしていくだろうと思うんですが、その場合でも、それぞれの国の文化をきちっと押さえていく。そうでなくて画一化した時には、必ず文化、その国というのは滅びるだろうと思います。マルチ文化が生まれてくるとは思いますが、それぞれの国の文化を尊重した、そういう人間の在り方というものを考えておく必要があるのではないかな、というふうに思ったりもしております。

子育て・子育ち支援と文化

　そういうことから考えますと、「子育て・子育ち支援と文化」ということですが、今の社会から想像できないような文化、子育て・子育ち文化を日本人というのは持っていたはずなんです。例

に挙げておりますのは、『梁塵秘抄』でございます。これは後白河上皇が編纂をし、自らも歌っている今様歌謡なんでございますが、ここにこういう歌謡があるんです。「遊びをせんとや、生まれけむ、戯れせんとや生まれけん。遊ぶ子どもの声聞けば、わが身さえこそ揺るがるれ」。これが日本人の文化なんです。子どもと大人との関係を、見事に活写しているというふうにわたくしは思っています。この後白河上皇の『梁塵秘抄』というのは、大体1100年代の半ばぐらいですから、今からで900年ほど前です。そのときでも、既にこういう子どもとの関係がきちっと出ている。これが日本なんです。

　さらには、イザベラ・バードという方はイギリスの旅行家ですが、この方は明治11年に日本に来られて『日本奥地紀行』というのを書かれているんですが、「私は、これほど自分の子どもをかわいがる人々を見たことがない。子どもを抱いたり、背負ったり、歩くときには手をとり、子どもの遊戯をじっと見ていたり、参加したり、いつも新しい玩具をくれてやり、遠足や祭りにつれていき、子どもがいないとつまらなそうである」と。

　このことはイザベラ・バードだけではないのです。明治時代にたくさんの外国人が来てるんですけど、その外国人のほとんどが、「日本という国は子ども天国だ。これほど素晴らしい子育ての文化を持っている国はない」ということを言っているんです。今はどうでしょう。とてつもない社会になってしまった。このイザベラ・バードさんが発表した『日本奥地紀行』というのは、明治11年の時の紀行文ですが、明治11年というのは、まだ明治維新の後の騒然とした時代なんです。ということはどういうことかというと、いわゆる明治10年から明治11年にかけて西南戦争を

やった。そんな時期なんです。それから、大久保利通が刺殺されたのは明治11年です。そういう時代にもかかわらず、子どもと大人とのかかわりというのが非常に豊かにあった。

　わたくし自身が、先ほど言いましたように疎開するまでの記憶は全くありませんが、帰ってきてから、子どもの時、たくさんの大人たちにかかわってもらったんです。将棋を教えてもらったり、竹馬の乗り方を教えてもらったり、あるいは、囲炉裏はなかったんですが、大人と子どものかかわりというのは囲炉裏を囲んでとか、いろいろなことで子どもと大人が交わり合っていく。そういう文化を持っている日本だというふうに思います。それを、先ほど申しましたように、すべて古きものは悪しきものとして切り捨ててきた。そして、最近の言葉で言えばグローバリズム。とんでもないことだと思います。私はアメリカが嫌いだとか云々と言うつもりはないです。だけど、グローバリズムというのは、もともと経済の中から出てきたものですけど、今やそれぞれの国の文化までも画一化しようとする。そんな勢いを持ってきているような気がしてならないのですが、何とか日本の文化に裏打ちされた生き方、それをやっぱり大事にしていく必要があるのではないかなと思っております。

　そういうことからいくと、今まさに子どもたちは受難の年になっているというふうに言っていいと思います。頻繁に子どもたちが被害を受けております。ところがどうでしょう。それの対応策はほとんどがお金なんです。ICカード、あるいは今、非常に増えてきているのがガードマンです。あるいは、タクシー会社との契約によって送迎をしてもらう。あるいは防犯ベルを持たせる。全部、銭で片づけようとしている。ガードマンを雇えるお金がな

かったらどうなるんですか。IC カードを持たせるお金がなかったらどうなるんでしょう。タクシー会社に契約をして送迎をしてもらえるお金がなかったらどうなるんでしょう。そんなことじゃないと思うんです。みんなで力を合わせる。

　日本人というのは非常にユニークな民族なんです。こういう言葉があります。「人の噂も 75 日」と。事件があるとその時は一所懸命見回りをやる。けれども、数日経ったら、もうほったらかしなんです。それで片方では銭で解決する。自然体で子どもを見守り、育む環境をつくらなかったら駄目なんです。「知らない人から声をかけられたら、しゃべったら駄目だ」。もう都会は、全部知らない人だらけなんです。誰を知って、誰を知らない。ましてや、すべてから死角を除くなんて無理なんです。もっと別の知恵を出す必要があるんです。これはわたくしは大変なことだと思います。人に話しかけられても、話したらいかんということは、人間不信ということを片方で教えている。これは、わたくしは止むを得んと思います、わたくしは全面的に否定するつもりはありません。けれども同時に、人間を信頼するということを、形で子どもたちに見せていく必要があるだろうと思います。そうでなかったら、今の子どもたちが成長した暁にどういう社会になるのですか。とてつもない社会をつくり上げてしまうのではないか。人間不信を植えつける、そのために今、わたくしたち大人は一所懸命やっているんじゃないかなと恐れています。

　そういうことからいきますと、もう一度、子育て・子育ち文化を再構築する、そのために全力を傾ける必要があるだろうなというふうに思っています。

子育て・子育ち文化の再構築

　そのベースになるのは世代間交流なんです。すべてが今、横社会なのです。同年齢社会という意味です。保育園にしろ幼稚園にしろ、就学前の話に限って言いますと、全部が横社会なんです。異年齢が育んでくれるものを、もう1回見直しておく必要があるのではないかなと思っております。

　今の社会というのは、まさに「5間の喪失」です。レジュメに書いているのですが、ここ20年ほど前までは、まだ「3間の喪失」と言っていました。「3間」というのは、「時間」と「空間」と「仲間」なんです。今は、もう違うんです。人間を喪失する。世間——地域社会のことですが、世間を喪失する。「人間」と「世間」を加えた「5間」を喪失した社会が、今なんです。これは、子どもだけじゃないんです。大人も巻き込んで、5間の喪失の真っただ中に、今わたくしたちはいるということです。このことに目を向けなかったら、大変なことになるだろうなと思います。例えば、つい前に選挙がありました。マニフェストで、この「5間の回復」について、一人も取り上げてくれておりません。だけど、人間が育っていく上で、子どもだけではなくて、人間が"いのち"を全うするためには、こういう5間、いわゆる時間があり、仲間がおり、空間があり、人間が人間らしく、しかも地域社会の諸機能が生きている。そういう社会を再構築していかなければならないだろうというふうに思っております。

　この再構築をするキーワードになるのが、わたくしはいわゆる世代間交流だというふうに思っています。そのためには原点に戻って、子ども期にどういう異年齢集団をつくっていくかということが大事なのではないか。今、言ったからすぐ、そういう世代

間交流ができるとは思いません。もうここまで来ているわけですから。もう1回原点に戻って、小さな子どもの時から、異年齢が育んでくれるさまざまなものを、もう1回見直しをしておく必要があるのではないかなというふうに思っております。

　非常に残念なことなんですが、子どもの育成だけに限らず、地域社会というのはさまざまな機能を持っていました。思いつくままに、レジュメに幾つか挙げておきました。いわゆる生産機能、あるいは地場産業伝承機能、生活保障・生活扶助機能、育児知識・スキルの世代間伝承機能、児童健全育成機能、あるいは地域文化伝承機能、情報受信発信機能。こういうものが、昭和40年代の初め頃ぐらいまでは、わたくしは生きていたと思います。残念ながらこのほとんどが、今、死んでしまっていると言ってもいいんじゃないかなと考えられます。

　生産機能。今はもう、ものすごく変ってしまったんです。第一次産業から第二次産業中心になって、今は第三次産業なんです。だから、元に戻せと言うつもりはないです。けれども、例えば地場産業というのは、子どもの時からいろんなかかわりががあるから、後継者が生まれてくるのです。先ほど言いましたように将棋盤を挟んで、あるいは囲炉裏を囲んで。酒屋さん―杜氏であれば杜氏の仕事の素晴らしさ、そういうものをやっぱり語ってくれていた。あるいは、大工さんが家を建てることの素晴らしさを、子どもたちに語ってくれた。だからこそ後継者が育ってきたんです。1億総人口が、いわゆるサラリーマン化をした。時の流れとはいえ、大切な伝統産業にどんどん後継者がいなくなった。ものを作るということは、とてつもない感動体験なんです。そのものを作ることの感動を、子どもの時になぜ伝えないか。子どもたちに

しっかりと、これを伝えることによって社会というのは変わっていくだろう。しかも、地場産業というものを大切にしていく、そういう視点から物事を見ていく。そういうことが必要なんじゃないか。

　生活保障（扶助）機能もそうです。わたくしは子どものころはよく、親からの使いに行きました。「ああ、正克さん。ちょっと醤油が足らなくなったので、隣に行って借りてきて」「はい、わかった」といって借りに行く。気持ちよく貸してくれました。何も銭金の扶助だけではないのです。生活の助け合いそのものが地域社会の中で豊かに、ちょうど網の目のように張り巡らされていた。

　わたくしは地域社会というのは、こういうふうに考えています。ちょうど布のようなものだと思います。いわゆる経糸と緯糸がうまくかみ合って、1枚の布ができている。その経糸というのは学校であったり、あるいはお寺さんであったり、あるいは神社であったり、あるいは公共の施設であったり、そこに従事する人も含めてこれらが経糸。そして緯糸として地縁とか、血縁というものが織りなしていく。そういうのが、わたくしは一昔前の地域社会だと思います。今は本当に経糸もなくなりました。いや、現実にはあっても、その機能、役割を果たしていないような状況になってきている所が非常に多いのです。

　これを何とか変えていかなければならないわけですが、こういうことが言えると思います。今日ほど子育て支援だとか、高齢者支援、障害者支援の、国あるいは地域、地方自治体あるいは個人、民間の組織など、今日ほど盛んに取り組まれている時代は、わたくしはないと思います。過去にどれだけ探りを入れても、今ほど

さまざまな支援活動がある時代はありません。ところが、そういう時代であるにもかかわらず、なぜ、さまざまな問題が出てくるのか。ここが、これからの一番大きなポイントになるというふうに思います。

　ということは、支援活動全部が"点"なんです。いわゆる全部が"点"ですから、そこで終わっている。わたくしはよくいろんなところへ講演に行くんですが、「"点"を"面"にしなさい。その役割を社会福祉関係の方たちが担う必要がある」と。誰かがするだろうではないのです。やはり社会福祉施設、社会福祉に従事する人が、そういう"点"と"点"を結ぶための努力をしなかったら、これはどうにもならないと思います。

　例えば、1園が子育て支援ということで、どれだけ努力をされても限界があります。けれど、2園が結ぶ、3園が結んだら、いろんなことができると思います。そういう"点"を"面"にするための、いわゆるつなぎ役といいますか、そういう役割を、ぜひ社会福祉に関係する方たちが取り組んでいかなければならないだろうなと思っております。

　そういう意味では、社会福祉に関係する人たちの役割というのは、大変大きなものがあると思うのですが、その苦い思いは、わたくしたちはもう既に経験をしてきているんです。1970年代に、こういうことが国の方から出てきたのです。地縁血縁が崩壊をしていく。経糸としての役割もどんどん消滅してくる。もう地域社会というのは大変なことなんだ。だから、新しいコミュニティをつくる。つまり新しいコミュニティづくりというものが提唱されました。

　新しいコミュニティというものの定義もない。つくるのに対し

て、誰がその役割を担うのかということもない。だから、当然の
ごとく打ち上げ花火で終わっています。体育活動。さあそれやっ
たら、ソフトボール大会をしましょう。あるいは文化活動をしま
しょう。それで全部終わっています。私も町内の役員もしていま
した。これは、自分自身の力の無さを感じるのですが、ソフト
ボール大会をする。そうしたら、自治連合会の方から、「いつ幾
日ソフトボール大会をします。あなたの町内は参加できますかど
うでしょうか」。そうすると、町内会長をしている人が、子ども
のいる家を回ってきて、人数が揃ったら、それじゃあ出ようかと
いうことで、ソフトボール大会へ出る。初戦で負けたらそれで終
わりです。

　子どもの健全育成というのは、そんなものじゃないんです。本
当に息の長い取り組みがあって初めて、子どもの健全育成という
ものが成り立つのです。ところが、全部が打ち上げ花火ですか
ら、新しいコミュニティをつくる、そんなことはあり得ないので
す。だから、その役割を誰が担うのかということを明確にしなが
ら、具体的にどういう取り組みがなされるのか。いわゆる「共有・
連帯できる価値」、そういうものを明確にした上で方法論を立て
ていく。そうでなかったら、とにかく何かをやっていれば地域社
会が変わる、そんなことはありっこないんです。

　そういうことを考えると、わたしたちは、もとに戻りますけ
ど、文化というものをもう1回見直しをしておく必要があるので
はないかと思うのです。例えば、レジュメの2枚目の真ん中あた
りに少し書いているのですが、クラックホーンが文化というもの
を、「歴史的に形成された外面的および内面的な生活様式〈Design
for living〉のシステムであり、グループの全員もしくは特定の

成員によって共有されているもの。あるいは人間が集団の中で後天的に形成維持し、保持し、因習として各自が受け継ぎ、身に付けていく生活様式と意識、行動のすべて」と定義づけています。これらを参考にすれば、わたくしは文化というのは、こういうふうに定義づけができるのではないかなと思ってるのです。わたくしが考える文化でございますが、「古来より習得され、共有、伝達されてきた、人間の生活様式のあらゆる側面を包括する複合的な全体」だろうと思います。そういう定義づけができるだろうと思います。

　このことと社会福祉というものの定義を見ていただくと、まさに社会福祉の援助システムというのは、文化のはずなんです。ところが、今、社会福祉というのは、緩やかですけれど、少しずつ変化してきてはいますけど、文化と言えるかどうか。その場合には、文化といえるかどうかの基準になるのは、質と量だろうと思います。その質というのは、共有できる価値をどこに定めているか。先ほどから言っていますように、大変な時代なのです。「見て見ぬ振り症候群」が、どんどん増えてきます。ということは、社会福祉というものが、共有できる価値として、まだ認められていないということです。ここに、これから考えていかなければならない大きな課題が一つあると思います。

　それから量の方ですが、すぐ何か言うと「いつでも、だれでも、どこででも」ということが言われます。現実には、「いつでも、だれでも、どこででも」福祉援助システムを享受できるような、そういう社会基盤というものは、まだ整備されておりません。ということは、文化として社会福祉が認知をされていないということです。だけど、先ほど言いましたように社会福祉というもの

を定義してみる、文化というものを定義してみると、まさにわたくしは子育て・子育ち支援というのは文化だと思います。

　そうなると、これからどういう方法をとる必要があるかということになると思うのです。その子育て文化の日本の固有の文化を一言で言うなら、「見守りから、見守り・育みの文化」へ変えていく必要があるだろう。見守りというのは、あくまでも一つの側面なんです。だけど、それプラス「育み」という文化があったわけですから、その育みの文化というのを、もう1回見直しをしていったらどうだろうというふうに思います。

　そのキーワードになるのが、わたくしは「目と目を合わせ、肌と肌を密着させ、視界を共有する子育て文化だ」というふうに思っております。どういうことかといいますと、常に親と子どもは、子どもと大人は目と目を合わせているのです。抱っこというのはそういうことなんです。常に子どもの目と親の目が、大人の目が合わさっている。

　わたくしは昔からあったのかどうかわかりませんが、あのバギーというものですが、これほど残酷なものないと思っています。わたくしも保育園の園長をやっていましたので、それは痛切に感じるんですけど、あのアスファルトのちょっと上に赤ん坊を、小さな子ども乗せて歩いてみると、とてつもない暑さですなんです。だけど、今はあれが普通なんです。そんなばかなことないでしょう。だから、おんぶ紐だとか、抱っこのための紐だって、ものすごい意味があるんです。いつも肌と肌が密着しているんです。しかも、おんぶというのは、親が見る方向と子どもが見る方向が一緒なんです。だからしつけをしなくても、親の行動を見て、自然に子どもたちは育っていく。これは外国人が言っているのです。

日本人が言っているのではないのです。

　厳しい、外国──欧米が特にそうだと思うんですけど、子ども期というのは、ものすごく厳しく育てるんです。そして、ある一定の年齢になると非常に自由にさせる。日本は逆なんです。子どもの時に甘やかして甘やかして、もうどうにもならんぐらい甘やかすんです。だけど、大人になったとき、きちっと人間としての生き方をしているんです。それは常に親御さんと同じ方向を見ながら、自然体でいろんなものを吸収している。小さいから、そんなことわからないというのではないんです。見ているんです。そういう文化を、わたくしたち日本人というのは持っていたのだろうと思います。あのバギーは同じ方向を見ていますが、視界は異なり、日本の全土がアスファルト化されている今日では、とてつもない残酷な育て方だと思います。

　そういう意味では、確かに頚腕になったりとか、いろんなことを言われますけど、肌と肌を合わせる、目と目を合わせる、見る方向を同じにしていくという子育てというのは、外国が悪いというのではなくて、日本独自の子育ての文化なんです。先ほど言いました家屋一つにしても、子どもの目線で建てられているということは、子どもを大事にする。だから、「子は宝」という言葉があるんです。子どもというのを非常に大事にした国が日本なんです。だけど、それが既に壊されてきている。けれども、このままで行きますと大変な社会になっていくだろう。もう1回、子育て・子育ち文化を見直しをしていく。そして、取り組めるところから取り組んでいく。そういう必要性があるのではないかなと思っております。

見守りから　見守り・育みの文化へ

　最後になりましたが、「見守りから、見守り、しかも育みの文化」へというところで、“いのち”育む自然との対話というもの、異年齢児の群れ遊び文化、あるいは食育の文化、ふるさととしての児童福祉施設、ということの四つだけを挙げさせてもらっているのです。日本という国は、本当に素晴らしい自然に恵まれた国なんです。

　わたくしはヨーロッパでこういう経験をしたんです。あまり銭がありませんから、大体向こうに行った初日だけホテルを押さえます。そして、あとはすぐペンションを探して経費を節約してきました。よくそこのペンションのおかみさんと散策をしました。そのときに、花が咲いている。わたくしが摘もうとする。そうしたら、「大和、必要なだけ摘んでくださいよ」。それは、花というものはそうそうある地域じゃないんです。だから、ものすごく大事にする。ところが、日本というのは本当に豊かですから、もう必要以上のものまで全部摘んでしまう。いい例が、野外活動でこういう事をやるんです。例えば、アサツキを教える。あるいはタラの芽を教える。受講生はそんなことしません。ここにも何人か来ていただいているんですけど、受講生はしないんですけど、一つの例を申し上げているんですが、アサツキの生えている所を見つけたら、根こそぎ取ってしまうんです。そして残った野草を捨ててしまうのです。タラの木なんて、芽だけ取ればいいものを、トゲがありますので、根っこから引き抜いて芽を取っているんです。これはとんでもないことなんです。ウドもそうです。スコップを持っていって、根っこから取るんです。どうするんです、そんなもの。これが日本人の、豊かすぎるがための姿勢なんです。

　けれども自然というのは、いわゆる"いのち"と"いのち"が響き合う空間なんです。だから、園庭を緑豊かにしていこうとするんです。そこの豊かな緑の空間では、"いのち"と"いのち"が響きあっている。それを、子どもたちが体験していくんです。その空間から"いのち"の誕生とか、死とか、そういうものを子どもなりに受け止めていく。

　ところが、もう今はそんな空間がなくなっている。児童公園でもそうです。まあ児童公園にすら、エリート意識が入っているんですから、立派な樹木だけ。雑草という草はないんですが、野の草花一つ生えていないのが公園なんです。ひどい所になると、除草剤をまいてその雑草を取る手間を省こうとする。除草剤ですよ。子どもが、人間が憩う所に除草剤をまいて、どういうことなんですか。野原の草花が咲いているからこそ、虫がそこで誕生していくのです。虫が誕生してくれるから、果樹があるから鳥が来てくれるんです。"いのち"が響き合う空間なのです。そこからさまざまなものを、子どもたちは学び取っていく。そして、それを対話の中で大人も感じ取っていく。そして、人が人間として成長していくのです。ところが、そういう空間すら、既になくなってきている。なんとしてでも自然を回復させる、そういう努力を大人はしていくべきじゃないか。自然というのは、その時代に生きた人間が勝手に変えられるものじゃないです。

　こういう伝統があるんです。アメリカインディアンもアイヌもそうですけど、自然は先祖からの預かりものなんです。これは、日本人の従来の考え方とよく似ていると思います。自然というものは先祖からの預かりものであって、子孫へ必ず引き継いでいく。そういう預かりものだという教えがあるのです。当たり前のこと

なんです。経済的にこれは不要だからということで、その最たるものが里山の破壊なんです。里山というのは、いわゆる生き物と人間が共有できる共生できる空間なのです。

　ちょっと話は飛びますけれども、面白い話があるんです。わたくしの家内が蜂に刺されて、こんなお岩みたいな顔になったんです。そのときわたくしはこういうことを言いました。「仕方ないな。蜂が住んでいる所へ我々が攻め込んでいったんだから、やむを得んな」と。そうなんです。わたくしが住んでいる所はマムシが庭に入ってくる所なんです。マムシが住んでいる所が宅地造成されて家を建てたから、マムシが生きていく場所がないから庭に入ってくる。これを、「おまえが悪い」と言ったって、これはしようがないのです。どんどん破壊をしていく。だから、子どもたちは外で遊べなくなる。もう1回人工的でもいいから、緑豊かな地域社会、そういうものをつくっていく。そこで初めて子どもたちは、四季の移り変わりだとか、死だとか、誕生だとか、いろんなものをその自然から学びとっていくんだろうというふうに思います。残念ながらそういう空間が、どんどんなくなってきて、ようやくビオトープという生物の生息する人工空間がつくられてきつつあります。それともう一つは、里山というものを見直そうという動きも出てきています。これは、わたくしは急いでやるべきことだろうというふうに思います。

　子どもたち一人ひとりが感性豊かに育っていくためには、自然を取り戻すということです。感性が豊かであるということは、クリエイティブ、創造性豊かな子どもに育っていく。感性が鈍ければ、クリエイティブ、いわゆる創造性というのは育たないのです。これからの大事なことは、いわゆる創造性、これが非常に大事だ

ろうと思うのですが、感性を駄目にしているのは、今の我々大人ではないだろうかなと思います。もう1回、本来子どもたちが持っている感性を豊かにしていくための空間を、どうやってつくり出していくのか、再生させていくのか。そういう努力をしていく必要があるだろうと思っております。

　異年齢児の群れ遊び。本当に大切なものを、わたくしたちは失ってしまいました。異年齢が群れるということは、とてつもないものを子どもたちに授けてくれるのです。

　こういうことを経験しました。毎年ですけど、職員を必ず研修旅行に連れていくんです。わたくしのやり方というのは、あるデューティだけを定めてしまって、あとは自由にしなさいというやり方をしてきたんです。ある年のことです。バラバラになったあと、わたくしに何人かついてきた職員がいるんですけど、岩場の方に遊びに行ったんです。岩場の方に遊びに行ったら、小学校5〜6年の子が、2歳児くらいの小さな子どもを含めて10人ぐらい連れて岩場で遊んでいました。そのときについてきた保育士さんたちに、「君たち、こんなことできるか」と尋ねたんです。そんな小さな子を、小学校の5〜6年の子が10人近く連れて岩場で遊んでいるのです。そのときの姿というのは本当に感動的です。「あ、これが異年齢やな」と思いました。異年齢から学ぶ素晴らしさやなと思いました。

　どうでしょう。今、会場には保育士さんもたくさんおられるんですが、おそらくそういうことはもうできないんじゃないでしょうか。これは、できないからって責めるつもりじゃないのです。そういう社会にしてしまったのです。異年齢が群れ遊ぶ、そういう文化をもう1回考えてみたらどうだろう。

あるいは食育の文化、先ほど冒頭に言いましたように、わたくしはとてつもない食糧事情の中で育ったのです。だけど、今の日本というのは、とんでもないことをやっています。こういう指数があるんです。フードマイレージという指標があるのです。そのフードマイレージというのは、こういうことです。日本人が食べるために、外国から仕入れる食材の量と、その食材を日本に運ぶためのエネルギー、これをかけ合わせたものをフードマイレージといいます。日本人は9,000億トンkm使っているのです。世界で最大なんです。アメリカの2.7倍。1970年代の初めに、こういうデータが出ていたんです。このアメリカの食生活がこのまま続くと、世界の人口が65億に達した時には、いわゆる食糧危機がくるだろう。そのアメリカをはるかに超えて、日本人というのは外国からどんどん輸入をしている。日本という国は「水の国」といわれるぐらい、水が豊かなんです。ところが違うのです。水を日本が一番たくさん輸入しているのです。しかも、その輸入した食材を育てるためにはその国の大量の水を使い、しかも、とてつもない量を残食として破棄しているんです。いわゆる一般廃棄物の中の食材の廃棄物が、2,000万トン。一般廃棄物の3割は食べ物なのです。

　わたくしはここで、保育士さんもおられるので申しあげておきたいんですけど、食育基本法みたいなものができましたけど、「食育」というのは、広辞苑にも載っていませんけど、昔から「食育」という言葉があるのです。それは、「食が人を育てる」という意味なんです。そういう文化を日本は持っていた。ところが今、小学校でも10％近い残食なんです。中学校では15％、トータルで2,000万トン。しかも先進国で日本という国は食糧自給率

がたった40％しかないのです。あとは全部外国から取り寄せている。そして日々残食として破棄されている。

　冗談まじりによく言うのです。もしアメリカに、中国に食糧飢饉が起こった場合、一番最初に死ぬのは日本人だろうな、と。わたくしはそう思います。だって、自国民を先に救います。輸出をストップします。そうすると、日本は自給率が40％しかありませんから、当然日本人が先に死ぬだろう。もう1回、食というものを見直していく。そして、保育士さんたちは、社会福祉に従事している人たちは、食の大切さをしっかりと子どもたちに伝えていただきたい。その食ということは、ただ食材だけの問題ではないのです。環境問題から飢餓問題から、ありとあらゆるものへ広がっていくんです。

　1日に世界で4万人の子どもたちが、食べるものがなくて死んでいるんです。世界全体、1年間でいくと1,500万人の人が食べるものがなくて死んでいるという報道がありました。それに対して日本という国は、2,000万トンの食糧廃棄物を出している国なのです。しかも自給率は40％、先進国の中で一番低い国なのです。その食というものを通してだけでも、子どもたちが真剣にものごとを考えていく、そういう教育、そういう保育が、私はできるだろう、そういうふうに思っております。そういう意味では社会福祉、児童福祉に携わる人間の責務というのは非常に重いのではないか。これからの日本という国を考えたときに、大変重い仕事に携わっているのではないかなというふうに思います。

　ふるさととしての児童福祉施設ということについては、今度、本を出版しましたので割愛させてもらって。終わりでございますが、私たちはよく「見守る、見守る」という言葉を使っています。

だけど、見守るという言葉の中には、レジュメにも書いています
ようにこれだけの大きな意味があると思います。これは、子ども
を見守る、高齢者を見守る、全部に当てはまるわけですが、熟視・
観察し、覧察・診断し、看護・保護する。これだけの意味内容が、
「見守る」という言葉の中にあるのだということを、もう一度考
えて、自分の仕事の姿勢にしていきたいと思っております。

　大変、雑駁な話になって申し訳ないと思いますが、以上をもっ
てわたくしの雑談を終わらせていただきたいと思います。どうも
ご清聴ありがとうございました。

2006年2月25日

【著者プロフィール】

大和 正克（やまと まさかつ）
1935 年 4 月 11 日生まれ
●学歴
　1964 年 3 月　龍谷大学文学部卒業
　1967 年 3 月　龍谷大学文学研究科修士課程修了
●職歴
　1954 年　竹内商事㈱ 入社（〜 1959 年）
　1965 年　児童福祉施設　山ノ内母子寮児童指導員就任(1975 年〜主任)(〜
　1981 年)
　1969 年　児童福祉施設　山ノ内学童保育所施設長就任（兼務）（〜 1984 年）
　1981 年　児童福祉施設　京都市西院保育所施設長就任（〜 1999 年）
●大学教員歴
　仏教大学（1972~2006）、大谷大学（1983~1987）、花園大学（1989~2000）、
　龍谷大学（1991~2000）の非常勤講師を経て
　1999 年 4 月　大谷大学短期大学部教授就任（〜 2006 年 3 月）
　2006 年 4 月　京都西山短期大学教授就任（〜 2013 年 3 月）
●海外研修歴
　1972 年 4 月〜 7 月　中央競馬社会福祉財団：海外研修生として現地研修
　1993 年 9 月（約 2 週間）京都府社会福祉協議会：海外視察研修生として見
　学研修
●社会的活動歴
　社会福祉法人（本願寺社会福祉事業センター・若林福士会・宏量福祉会・
　京都民生会・つわぶき園・京都市社会福祉協会・京都市社会福祉協議会）
　財団法人（京都市保育園連盟・京都府社会福祉施設職員共済会）等の理事
　を務める。
●資格
　文部大臣認定　キャンプディレクター 1 級公認
　安全衛生管理士
●賞
　京都市社会福祉協議会長賞・京都市長賞・全国社会福祉協議会長賞
●書籍
　「保育ライブラリ　施設実習」（分担執筆）　　　　　2004 北大路書房
　「保育ライブラリ　保育所実習」（分担執筆）　　　　2004 北大路書房
　「保育士を目指す人のソーシャルワーク」（分担執筆）　2005 みらい
　「社会福祉援助の基底」　　　　　　　　　　　　　　2006 あいり出版

日本固有の子育て・子育ち文化の再構築

2023 年 6 月 15 日　初版　第 1 刷　発行　　定価はカバーに
表示しています。

編　者　　大和正克
発行所　　（株）あいり出版
　　　　　〒 600-8436　京都市下京区室町通松原下る
　　　　　元両替町 259-1　ベラジオ五条烏丸 305
　　　　　Tel／Fax　075-344-4505　http//airpub.jp//
発行者　　石黒憲一
印刷／製本　日本ハイコム（株）

制作　キヅキブックス
©2023　ISBN978-4-86555-110-5　C0036　Printed in Japan